© Lunwerg, S.L., 2012
© Fotografías: se indica en página 223
© José Gutierrez Solana, Pablo Gargallo, VEGAP, Barcelona, 2012
© Textos: Albert Ollé y Marta Rivera de la Cruz
© Traducción: Richard Rees

Creación diseño y realización: Lunwerg

ISBN: 978-84-9785-852-6
Depósito Legal: B-7662-2012
Imprime: Grafos, Barcelona

LUNWERG, S.L.
Avenida Diagonal, 662-664 - 08034 BARCELONA
Paseo de Recoletos, 4 - 28001 MADRID

lunwerg@lunwerg.com
www.lunwerg.com
www.facebook.com/lunwerg
http://twitter.com/Lunwergfoto

Lunwerg es una editorial del Grupo Planeta.

El editor hace constar que se ha hecho todo lo posible por localizar a los poseedores de los copyrights de las imágenes que ilustran esta obra, por lo que manifiesta la reserva de derechos de los mismos y expresa su disposición a rectificar errores u omisiones, si los hubiere, en futuras ediciones.

No se permite la reproducción total o parcial de este libro, ni su incorporación a un sistema informático, ni su transmisión en cualquier forma o por cualquier medio, sea este electrónico, mecánico, por fotocopia, por grabación u otros métodos, sin el permiso previo y por escrito del editor. La infracción de los derechos mencionados puede ser constitutiva de delito contra la propiedad intelectual (Art. 270 y siguientes del Código Penal).
Diríjase a CEDRO (Centro Español de Derechos Reprográficos) si necesita fotocopiar o escanear algún fragmento de esta obra. Puede contactar a través de la web www.conlicencia.com o por teléfono en el 91 702 19 70 / 93 272 04 47.

Impreso en España

El papel utilizado para la impresión de este libro es cien por cien libre de cloro y está calificado como papel ecológico.

MADRID
razones para conocerla

Albert Ollé

Prólogo
Marta Rivera de la Cruz

Sumario

Prólogo *Marta Rivera de la Cruz*	8
Presentación *Albert Ollé*	10

LOS MADRILES DE MADRID — 14
El Madrid de los Austrias — 16
El Madrid de los Borbones — 20

MUSEOS — 24
Museo Nacional del Frado — 26
Museo Thyssen-Bornemisza — 30
Museo Nacional Centro de Arte Reina Sofía — 34
Real Academia de Bellas Artes de San Fernando — 38
Museo Sorolla — 42
Fundación Lázaro Galdiano — 46

CENTROS CULTURALES — 50
Círculo de Bellas Artes — 52
CaixaForum Madrid — 56
Matadero Madrid — 60

REALES SITIOS — 64
Palacio Real — 66
Aranjuez — 70
Real Sitio de San Lorenzo de El Escorial — 74
Real Sitio de El Pardc — 78

MADRID SINGULAR — 82
El Rastro — 84
El mercado de San Miguel — 88
Los comercios de siempre — 92
Los cafés — 96
Flamenco y jazz — 100

PARQUES Y JARDINES — 104
Parque del Retiro — 106
Real Jardín Botánico — 110
Parque de la Arganzuela — 114
Parque del Oeste — 118
Casa de Campo y parque de Atracciones — 122

ARQUITECTURA DE VANGUARDIA — 126
Cuatro Torres Business Area — 128
Hoteles de vanguardia — 132
Casa de Bambú de Carabanchel — 136
El Mirador de Sanchinarro — 140

FIESTAS Y FESTIVALES — 144
La verbena de la Paloma — 146
Fiesta de San Isidro — 150

GASTRONOMÍA — 154
Cocina popular — 156
Cocina creativa — 160

PAISAJES — 164
Parque Natural de la Cumbre, Circo y Lagunas de Peñalara — 166
Parque Regional de los Ríos Manzanares y Jarama — 170
Hayedo de Montejo de la Sierra — 174

ESCAPADAS — 178
Buitrago del Lozoya — 180
Chinchón — 184
Alcalá de Henares — 188
Rascafría y El Paular — 192

English version — 196
Créditos fotográficos — 223

Prólogo

Marta Rivera de la Cruz

Llegué a Madrid en el otoño de 1988, un 10 de octubre luminoso y diáfano. Conocía vagamente la ciudad, pues mis padres me habían traído de visita en unas cuantas ocasiones, pero esta vez era distinto: venía para quedarme.

De aquella tarde iniciática recuerdo el impagable descubrimiento de la luz del otoño, tan distinta a la del dulce y gris otoño gallego, y el color imposible de un cielo que –aunque yo lo ignoraba– podía cobrar durante unos minutos las distintas tonalidades del violeta. También recuerdo la sensación ingrata de haber cometido un gigantesco error. Porque, recién llegada y sola, decidí regalarme un paseo ansioso por el centro de la ciudad: la Castellana, la Gran Vía, la puerta del Sol, la Plaza Mayor... Aquella primera tarde –armada inocentemente de un plano y la convicción de que no era tan difícil ejercer de mujer de mundo– me perdí varias veces. Desconocía los códigos del laberinto de las calles, los nombres de las plazas, el capricho de los urbanistas que, sin motivo aparente, habían cambiado de nombre una vía a mitad de trayecto. Nadie me había advertido de que la geografía de Madrid es intrincada y distinta, y está jalonada de pequeños secretos que sólo le son revelados a quien decide pertenecer a la ciudad. Y entonces yo no estaba segura de si Madrid iba a ser mi destino o una estación de paso.

Cuando regresé a casa, con los pies destrozados y el mapa hecho un gurruño, aturdida por el tráfico que aquel día me pareció salvaje y la sensación de estar a punto de ser fagocitada por un espacio ajeno, lo hice invadida por algo parecido al desánimo. Tenía la triste conciencia de estar de prestado en Madrid. De que la ciudad inmensa y anárquica –que a ratos se me había antojado incluso violenta y hostil– no era un lugar en el que pudiera hacerme un sitio.

Supongo, aunque no lo recuerdo bien, que el primer impulso fue salir corriendo. Escapar de un destino que no era el mío, de un entorno que no me pertenecía, de un lugar en el que no pintaba nada. Pero las cosas se ven mejor después de una noche de sueño, y a la mañana siguiente decidí dar una oportunidad a Madrid –o, más bien, dármela a mí misma– antes de tirar la toalla. Y empecé de nuevo la operación de desembarco. Compré otro mapa, más manejable y pequeño que aquella sábana para viajeros accidentales que había adquirido la primera vez. Estudié brevemente las líneas de autobuses y me di cuenta de que es muy fácil manejarse en metro. Para aplacar la ansiedad ante lo desconocido, metí un billete de mil pesetas en el bolsillo de los vaqueros, por si me veía en la necesidad imperiosa de tomar un taxi. Y empecé a explorar la ciudad, a diseccionarla, a navegarla y recorrerla. A hacerla mía.

A diferencia de aquella primera tarde en que quise abarcarlo todo, esta vez me lo tomé con calma: dividí el mapa en áreas y concedí un tiempo a cada una, porque había entendido que, en cierta forma, Madrid no es una ciudad, sino un cúmulo de cientos de pequeños pueblos que se han conjurado para avanzar de la mano.

Así comenzó mi viaje. Un viaje de hallazgos inesperados, de sorpresas. Descubrí, por ejemplo, que el aire madrileño tiene un olor particular: olía a asfalto, y a castañas asadas, y a la ráfaga de perfume caro que iba despidiendo una turista japonesa, y a calamares fritos en los aledaños del Arco de Cuchilleros, y a humo de los coches, y a cristal y a cemento que, aunque tardé en entenderlo, tienen también su propio aroma. Me dejé cautivar sin resistencia por la estampa magnífica del Palacio Real y la puesta de sol desde los jardines de Sabatini, paseé por el Retiro y pensé que el Palacio de Cristal muy bien podía haberse tomado prestado de los delirios de acero y de vidrio de la Exposición de 1889. Descubrí el silencio milagroso que envolvía los paseos por el Jardín Botánico, a metros escasos del tráfico endiablado y la sinfonía de los ruidos urbanos, y también el concierto de las fuentes: el rumor del agua que brotaba de la caracola de un *putti* o la boca rabiosa de un fauno en piedra. Madrid no era París, pero aquellos sátiros podían vivir en Versalles. Madrid no era Nueva York, pero algunos edificios también lanzaban desafíos al cielo. Madrid no era Londres, pero las verdes praderas del parque del Oeste nada tenían que envidiar a las de Hyde Park. Madrid no era una ciudad, porque era muchas. Porque había ido robando, con la picaresca de un Lázaro de Tormes, lo mejor de muchas urbes a las que no tenía el menor interés en parecerse. Madrid tenía su propio dibujo, su propia fisonomía. Y encontré el Madrid que yo buscaba: el de las piedras del Siglo de Oro haciendo burla a los planes ambiciosos que trazaba el urbanismo pensando en el siglo XXI. El de las tiendas centenarias plantando cara a un centro comercial. El de una mujer tocando el organillo al paso de un hombre de negocios, el de la promesa de una verbena de barrio el mismo día que se celebraba un congreso internacional. Los aires de zarzuela eran compatibles con la música de vanguardia, los barquillos de canela con la nueva cocina un hombre envuelto en capa española con los miembros irredentos de alguna tribu urbana, el teatro de Lope con las salas alternativas. Los años perdidos con los que todavía podían ganarse al tiempo por venir.

En el «triángulo del arte» descubrí, enmudecida de asombro, a los maestros de la pintura que me había resignado a admirar desde las páginas de un libro: a Velázquez, que pintó el aire. A Goya. A Arcimboldo en sus alegorías de la abundancia. Al Greco. Al formidable Picasso, que había escrito en su *Guernica* la historia de un drama. Paseé los cafés sobrevolados por la sombra de grandes nombres que debían transcurrir las tardes en una conversación infinita, y me recorría un escalofrío por la espalda cuando pensaba que frente a aquellos veladores de mármol se habían sentado Baroja, Valle y Juan Ramón, y el maestro Cela, y Unamuno, y Alberti. Su memoria estaba más allá de las paredes en las que colgaban sus retratos: se había quedado en la atmósfera de aquellos bares que olían a café con leche, a copas de anís, al lujo de un tortel o un bartolillo en las jornadas de poetas pobres, de escritores que llegaban a Madrid a comerse el mundo armados de papel y letras.

En aquellas jornadas entendí sobre todo que Madrid tiene un latido, y un pulso propio. Que esta ciudad —como se dijo de otras— es también un estado de ánimo, una forma de vida. Que, al pisar sus calles, algo desconocido me agitaba el corazón y ponía en alerta mis sentidos. Que, al llegar a Madrid, todo el mundo es más consciente de que está vivo, de que pueden salirle al paso muchas sorpresas, incluso grandes oportunidades.

Más de veinte años después, no sabría decir qué es exactamente lo que hace Madrid tan distinta de todas las ciudades del mundo. Quizá su conciencia de tierra de aluvión, donde cada uno tiene un pasado diferente. Quizá su espíritu extrañamente hospitalario, que hace que quien pisa Madrid se sienta de algún modo unido a ella. Esta no es una ciudad inmóvil, sino una urbe que va dando pasos al ritmo de la historia y de sus gentes.

Me gusta recordar aquellas tardes, aquellas mañanas en las que caminaba por las calles madrileñas intentando crear mi propia mitología de la ciudad, establecer con ella unos lazos propios, una personal corriente de afecto. Madrid se me fue metiendo bajo la piel, como se meten algunas personas a las que llegamos a querer sin darnos cuenta. Y no, no soy de Madrid, pero Madrid me pertenece como pertenece a todos aquellos que la construyen, que viven en ella, que trabajan en ella. Quizá, también, a los que la sueñan como algo que se parece a la tierra prometida.

En los últimos días de aquel mes de octubre de 1988, supe que había empezado a ser parte de esta ciudad. Y que, pasara lo que pasase, y al precio que fuera, estaba decidida a quedarme en Madrid para siempre.

Introducción
Albert Ollé

*Allá donde se cruzan los caminos,
donde el mar no se puede concebir,
donde regresa siempre el fugitivo,
pongamos que hablo de Madrid.*

Joaquín Sabina

«De Madrid al cielo» (Luis Quiñones); «Madrid, Madrid, qué bien tu nombre suena, rompeolas de todas las Españas» (Antonio Machado); «Madrid, la más española de todas las ciudades» (Ernest Hemingway); «Así es Madrid, alegre a veces, a veces ruin» (Medina Azahara). Podría llenarse un libro con las citas que poetas, novelistas, libretistas de zarzuelas, estrellas del rock y cantautores han escrito sobre Madrid. Muchas de ellas son puras declaraciones de amor, pero como que del amor al odio la distancia es tan tenue, las hay también que expresan la desesperación del amante despechado, de quien quiere dejar de amar y no lo consigue. No es propósito de esta obra recopilar opiniones sobre Madrid. Nosotros amamos la capital de España de forma incondicional y queremos compartir este amor con los lectores. Para ello hemos recopilado unas cuantas razones por las cuales vale la pena conocer Madrid, recorrerla, disfrutar de tantas cosas gratas que, con la generosidad de las grandes anfitrionas, la ciudad brinda a lugareños y visitantes.

Hay quien ha comparado las ciudades europeas del siglo XXI con unos grandes almacenes en los que la oferta es infinita, en los que hay secciones para todos los gustos. Así es Madrid, con una oferta que no se acaba nunca, con tantas facetas que nadie va a poder decir que no ha encontrado aquello que buscaba. Es más, uno va a encontrar en Madrid un montón de cosas que ni buscaba, ni tal vez sospechaba que pudieran existir. Hay una expresión francesa, «*auberge espagnole*», que refleja probablemente la precariedad de los hostales españoles que conocieron los viajeros galos en los siglos XVIII y XIX. «*Une auberge espagnole*» es un hostal en el que el viajero encuentra literal y únicamente aquello que él mismo aporta. Tal vez para nuestros simpáticos vecinos la expresión encierre un matiz despectivo, pero dándole la vuelta al sentido primitivo del término, se puede afirmar con orgullo que,

efectivamente, Madrid es «*une auberge espagnole*», puesto que se ha definido por las aportaciones que ha ido recibiendo históricamente y que han convertido el pequeño pueblo manchego que era en el siglo XVI en una de las grandes capitales europeas. Desde Felipe II, el Austria que la convirtió en capital del reino, hasta la dinastía gala de los Borbones, la monarquía española se ha afanado en dotar a la ciudad de grandes avenidas, palacios, jardines públicos, grandes monumentos, museos y otras instituciones culturales, como las diferentes academias. No obstante, la gran aportación a la capital la han hecho los madrileños, y al decir madrileños hay que entender todos aquellos inmigrantes que a lo largo de los siglos han llegado a la gran urbe, cada cual con sus costumbres, su gastronomía y, sobre todo, su afán de superación, de convertirse en madrileños y de hacer suya la capital. La gran riqueza de Madrid es, sin duda, su elemento humano, el crisol en el que han confluido y se han mezclado sabiamente los patrimonios culturales y costumbristas de todas las Españas, para dar a la ciudad la poliédrica personalidad que presenta en la actualidad.

¿Razones para conocer Madrid? Debe de haber tantas como visitantes: cada uno, como en la citada «*auberge espagnole*», lleva la suya a cuestas. Esta obra pretende exponer unas pocas de estas razones, sin intención alguna de establecer una lista exhaustiva. El criterio seguido para seleccionarlas ha sido el de presentar los diferentes estímulos que animan a los viajeros a visitar una gran ciudad. Hay quien se conformaría con la contemplación de las grandes obras de arte de los museos y obviaría el resto de la urbe. También hay quien viaja, como comentaba Unamuno horrorizado, por el placer de probar nuevas cocinas. Muchas personas recorren el país siguiendo los festivales musicales o teatrales, y otras son aficionadas a las fiestas populares. En esta obra se ha intentado tenerlos a todos en cuenta, con el propósito, además, de interesar a unos en las querencias de otros, pues la capital española es como una enorme coctelera que todo lo mezcla para regocijo del visitante curioso.

El primer gran apartado de la obra pasea al lector por el centro histórico de la capital. Comienza la andadura por el Madrid de los Austrias, el que conformaron Felipe II y sus sucesores de la misma dinastía durante los siglos XVI y XVII. En la actualidad está peatonalizado en su mayor parte y presenta una de las caras más simpáticas de la ciudad, con sus viejos comercios y sus típicas tabernas, sus antiguos teatros y centros culturales como el Ateneo. El segundo paseo sugerido por este apartado es el del Madrid de los Borbones. Es un Madrid menos popular el que recorrerá el lector, una ruta de impresionantes monumentos, desde el Palacio Real al Museo del Prado, toda una arquitectura concebida como reflejo del poder, de la *grandeur* de la poderosa monarquía absoluta de la dinastía gala.

También a los Borbones se debe el Museo del Prado, tratado en el segundo gran apartado de la obra, el dedicado a los grandes museos de la capital. Basaco en principio en las ricas colecciones reales, pronto se convirtió en una de las pinacotecas más importantes del mundo, y a su sombra nació el llamado «triángulo del arte de Madrid», con el Museo Thyssen-Bornemisza y el Museo Nacional Centro de Arte Reina Sofía en sus otros dos vértices. Tres museos más conforman este apartado: el de la Real Academia de Bellas Artes de San Fernando, creada a mediados del siglo XVIII por patrocinio regio a imitación de las academias establecidas en Francia, y otros dos, fruto de la generosidad ciudadana: el Museo Sorolla, que reúne en la residencia-taller del pintor obras suyas y de su colección particular donadas al Estado por su familia a la muerte del artista, y la Fundación Lázaro Galdiano, que exhibe en el domicilio de este financiero sus colecciones, legadas al Estado por él mismo en su testamento.

Tres son los centros culturales citados en esta obra. El primero, el Círculo de Bellas Artes, es una institución privada cuyo objetivo es la promoción de las actividades relacionadas con el arte. El segundo, CaixaForum Madrid, es una iniciativa cultural de la conocida caja de ahorros catalana y exhibe su espectacular jardín vertical en el triángulo del arte, muy cerca del Museo Nacional Centro de Arte Reina Sofía. La última, Matadero Madrid, auspiciado por el Ayuntamiento de la capital, reúne en sus naves industriales todo tipo de actividades culturales, desde artes plásticas a música o teatro, todas ellas más o menos caracterizadas por un cierto experimentalismo y vanguardismo.

Parece como si tradicionalmente los monarcas españoles tuvieran vocación nómada. Así, construyeron o reformaron alrededor de la capital una serie de palacios a los que se desplazaban sucesivamente al ritmo de las estaciones. En muchas ocasiones aprovecharon antiguos pabellones de caza o residencias campestres, que hicieron ampliar para adaptarlos a sus nuevas funciones, no solo como residencia real itinerante, sino también como centro administrativo que ocupaba a cientos de funcionarios que debían ser alojados y alimentados. No es extraño así que con frecuencia alrededor de estos Reales Sitios se crearan auténticas poblaciones que han sobrevivido a la función de residencia real que un día tuvieron. El apartado «Los Reales Sitios» invita a recorrer cuatro de estos palacios, todos ellos con una inequívoca huella borbónica sobre la que planea la nostalgia de Versalles y sus jardines, una añoranza que ha dejado en la capital y alrededores bellísimos edificios neoclásicos y hermosos jardines a la francesa, obra tanto unos como otros de los mejores arquitectos y paisajistas de su época.

De los palacios a las calles, los cafés y los tablaos. En Madrid perviven curiosas formas de comercio salidas de otros tiempos, como el mercado del Rastro, que cada domingo anima las calles de la Ribera de Curtidores, o las tiendas tradicionales de objetos tan variopintos como mantillas o productos de esparto. También los cafés son una arraigada tradición en la capital. Han visto pasar gran parte de la vida social, cultural y política de los dos últimos siglos. Por su parte, el mercado de San Miguel, haciendo suyo el lema «renovarse o morir», ha creado en el antiguo (y hace unos años moribundo) mercado municipal un complejo comercial que combina alegremente alta gastronomía y ocio. El apartado se cierra con un vistazo al mundo del flamenco y del jazz, ambos con profundas raíces en la capital y más vivos que nunca en la actualidad.

El apartado «Parques y Jardines» recorre algunas de las zonas verdes que oxigenan la castigada atmósfera de la capital. Algunos de ellos tienen una larga historia, como la Casa de Campo, el Parque del Retiro o el Jardín Botánico, creados o reformados radicalmente por decisión regia en el siglo XVIII. Otros, más recientes, ya no han sido concebidos como lugar de esparcimiento de los monarcas y sus cortesanos, sino con criterios más modernos y democráticos, como espacios de uso público para una población cada vez más agobiada por un agresivo entorno urbano. Es el caso del parque del Oeste, concebido a finales del siglo XIX. Otros parques, como el de Arganzuela, han sido realizados ya por ayuntamientos democráticos, empeñados en unas políticas tendentes a humanizar la ciudad a base de rescatar espacios verdes de la voracidad automovilística y devolverlos al peatón, para que este pueda pasear o practicar deportes urbanos como el *jogging*, el ciclismo y el *skateboard*.

Los libros de historia hablarán dentro de unos siglos de los edificios del apartado «Arquitectura de vanguardia» con el mismo respeto con que lo hacen ahora con monumentos como el monasterio de El Escorial o el Palacio Real. Los nuevos materiales de construcción, más ligeros y resistentes, han permitido a los arquitectos proyectar edificios cada vez más altos, cada vez con formas más caprichosas. Es el caso de los ejemplos aquí presentados, como el Cuatro Torres Business Area, los hoteles de Silken y Room Mate o el Mirador de Sanchinarro. Mención aparte merece la Casa de Bambú de Carabanchel, notable por su vocación ecologista.

Los siguientes dos apartados hablan de costumbres populares, casi siempre vinculadas unas con otras: la fiesta y la comida. Las fiestas de la Paloma y San Isidro permiten a los madrileños recuperar por unos días un espíritu deliciosamente pueblerino, irse de romería, merendar al aire libre... En cuanto a la gastronomía, un capítulo presenta la cocina popular madrileña, con platos tan castizos como los callos, el cocido o el bocadillo de calamares, mientras que el otro comenta el desembarco en la capital de los grandes chefs de la nueva cocina creativa, para regocijo de madrileños y visitantes.

Cierran la obra dos apartados que sacan al lector de la ciudad de Madrid. El primero propone tres excursiones en busca de paisajes singulares. Ciertamente lo son. El Parque Natural de la Cumbre, Circo y Lagunas de Peñalara supone un insólito (y bellísimo) paisaje de alta montaña a pocos kilómetros de la Puerta del Sol. El segundo, el Parque Regional de los Ríos Manzanares y Jarama, ha sobrevivido sorprendentemente a la presión urbanística y constituye en la actualidad, salvaguardado ya por leyes proteccionistas, un amplio espacio natural con diferentes ecosistemas, interesantísimos todos ellos, especialmente los de los humedales y los de los riscos.

Las últimas razones para visitar Madrid nos sacan de la capital, si bien no nos alejan demasiado de ella. Se trata de hacer unas cuantas escapadas a una serie de poblaciones con encanto, unas excursiones que pueden realizarse perfectamente en un solo día. Tres de ellas tienen como destino pueblos con un rico patrimonio arquitectónico, desde los majestuosos edificios universitarios y los conventos de Alcalá de Henares a la espléndida muestra de arquitectura popular de la Plaza Mayor de Chinchón o las impresionantes murallas de Buitrago. La última acompaña al lector por el entorno paisajístico y patrimonial de Rascafría, con un notable conjunto de arquitectura popular, y el monasterio de El Paular, en su origen una cartuja y en la actualidad un convento benedictino.

El Madrid de los Austrias 16

El Madrid de los Borbones 20

los madriles de Madrid

El Madrid de los Austrias

En 1561 Felipe II, el segundo monarca español de la dinastía de los Austrias, decidió trasladar la capitalidad imperial de Toledo a Madrid, un hecho que sería determinante en la historia de la villa. En efecto, la necesidad de alojar y proporcionar los servicios necesarios al ejército de funcionarios que requería la buena administración del Imperio más poderoso de su época provocó un acelerado crecimiento urbano durante los siglos XVI y XVII con la construcción de numerosas viviendas y edificios administrativos y religiosos. Es la parte de la ciudad conocida como el Madrid de los Austrias.

La Plaza Mayor es, tal vez, su punto más emblemático, si bien su actual aspecto se debe en parte a la reconstrucción efectuada por Juan de Villanueva en 1790, ya bajo la dinastía de los Borbones. Se trata de un generoso espacio cuadrangular rodeado por edificios con soportales, tres pisos y buhardilla. Destacan en su fachada norte la Casa de la Panadería, con frescos de Claudio Coello, y en la sur, la Casa de la Carnicería, construida a semejanza de la anterior. La plaza ha sido utilizada a lo largo de la historia como coso taurino, escenario de autos sacramentales, ejecuciones y proclamación de reyes. En la actualidad, cada domingo se celebra allí un animado mercado filatélico.

La Puerta del Sol era una antigua puerta de la muralla que el crecimiento de la Villa y Corte convirtió en la confluencia de algunas de sus principales avenidas, dejándola en el centro de la ciudad. Es un placer deambular por ella para contemplar tranquilamente el panorama humano más variopinto de Madrid. El edificio más notable de la plaza es la llamada Casa de Correos, actualmente sede del gobierno de la Comunidad de Madrid. Su centenario reloj es el protagonista de la noche de Fin de Año, cuando las doce campanadas invitan a millones de españoles a comer las uvas. En la plaza se encuentran también dos de los símbolos de Madrid: el kilómetro 0 de las carreteras radiales españolas y la estatua del oso y el madroño.

Una tercera plaza característica del Madrid de los Austrias es la plaza de la Villa, la más importante del Madrid medieval. En ella se ubican tres edificios significativos: la Casa de la Villa (siglo XVII, restaurada en el XX), el antiguo ayuntamiento, en la actualidad sede de los plenos municipales; la Casa y Torre de los Lujanes (siglo XV), los dos edificios civiles más antiguos de la capital; y la Casa de Cisneros, un palacio de estilo plateresco construido en el siglo XVI para un sobrino del cardenal homónimo.

p. 17
Arriba, Casa de la Panadería, obra de Juan Gómez de Mora, en la fachada norte de la Plaza Mayor de Madrid. Abajo izquierda, escultura del oso y el madroño, símbolo heráldico de Madrid, situada en la Puerta del Sol; derecha, detalle de la fachada de la Casa de la Panadería, en la Plaza Mayor, con el escudo de España de Carlos II.

pp. 18-19
El Palacio Real, obra de Giovanni Battista Sachetti, visto desde los Jardines de Sabatini.

El Madrid de los Borbones

En 1700 Carlos II, el último Austria que reinó en España, murió sin dejar descendencia. Alegando su parentesco con la Casa de Austria –pues era sobrino nieto de Carlos II–, le sucedió en el trono Felipe V de Anjou, el primer rey de la dinastía borbónica.

Los Borbones fueron consecuentes con la concepción francesa de Estado centralizado y con la inclinación por simbolizar el poder real mediante edificios monumentales. Fueron grandes constructores y urbanistas.

Felipe V hizo levantar un nuevo Palacio Real (véase el capítulo dedicado a este edificio), en el emplazamiento del antiguo Alcázar, arrasado por un incendio en 1734. También decidió modernizar y embellecer Madrid y, siempre siguiendo el modelo de la monarquía francesa, encargó al joven arquitecto Pedro de Ribera la construcción del puente de Toledo (1718-1734), la iglesia de la Virgen del Puerto (1718) y el Real Hospicio del Ave María y San Fernando, en la actualidad convertido en Museo de Historia de Madrid. Felipe V fue uno de los grandes monarcas del Siglo de las Luces. Así, quiso dar impulso a las ciencias y a las artes, y para ello creó las tres Academias clásicas: de la Lengua, de la Historia y de la Medicina. La Real Academia de la Lengua Española fue creada en 1714, si bien su actual sede, un edificio del arquitecto Miguel Aguado de la Sierra, fue inaugurada en 1894. La Real Academia de la Historia estuvo instalada en la Casa de la Panadería, en la Plaza Mayor, hasta que se trasladó a su actual sede, en el caserón llamado Nuevo Rezado, obra del arquitecto Juan de Villanueva, de finales del siglo XVIII. Por su parte, la Real Academia Nacional de Medicina tiene su sede actual en un hermoso edificio de fachada neoclásica e interior modernista, obra del arquitecto Luis María Cabello. El mismo afán por potenciar las ciencias llevó a Felipe V a favorecer la iniciativa del botánico José Hortega para la creación del Real Jardín Botánico. También inspirándose en el modelo francés, fundó la Real Fábrica de Tapices, todavía en funcionamiento.

Otro gran constructor y urbanista fue el rey Carlos, III, llamado el mejor alcalde de Madrid. A él se deben edificios tan arraigados en el imaginario madrileño como la Puerta de Alcalá, obra de Francesco Sabatini, el Observatorio Astronómico, una hermosa construcción neoclásica de Juan de Villanueva, las fuentes de Cibeles, de Apolo y de Neptuno, del arquitecto Ventura Rodríguez, o el Paseo del Prado. No obstante, el monumento más representativo del Madrid de Carlos III es, sin duda, el Museo del Prado, obra de Juan de Villanueva, al que se dedica un capítulo en esta obra.

p. 21
Arriba, la Puerta de Alcalá, realizada por Francesco Sabatini por encargo de Carlos III; abajo izquierda, fuente de Neptuno, obra de Ventura Rodríguez en el marco de la ordenación del Salón del Prado; abajo derecha, la estatua de la Cibeles en carro arrastrado por leones, una de las imágenes emblemáticas de Madrid.

pp. 22-23
Panorámica de la plaza de la Cibeles con el neobarroco Palacio de Comunicaciones a la derecha.

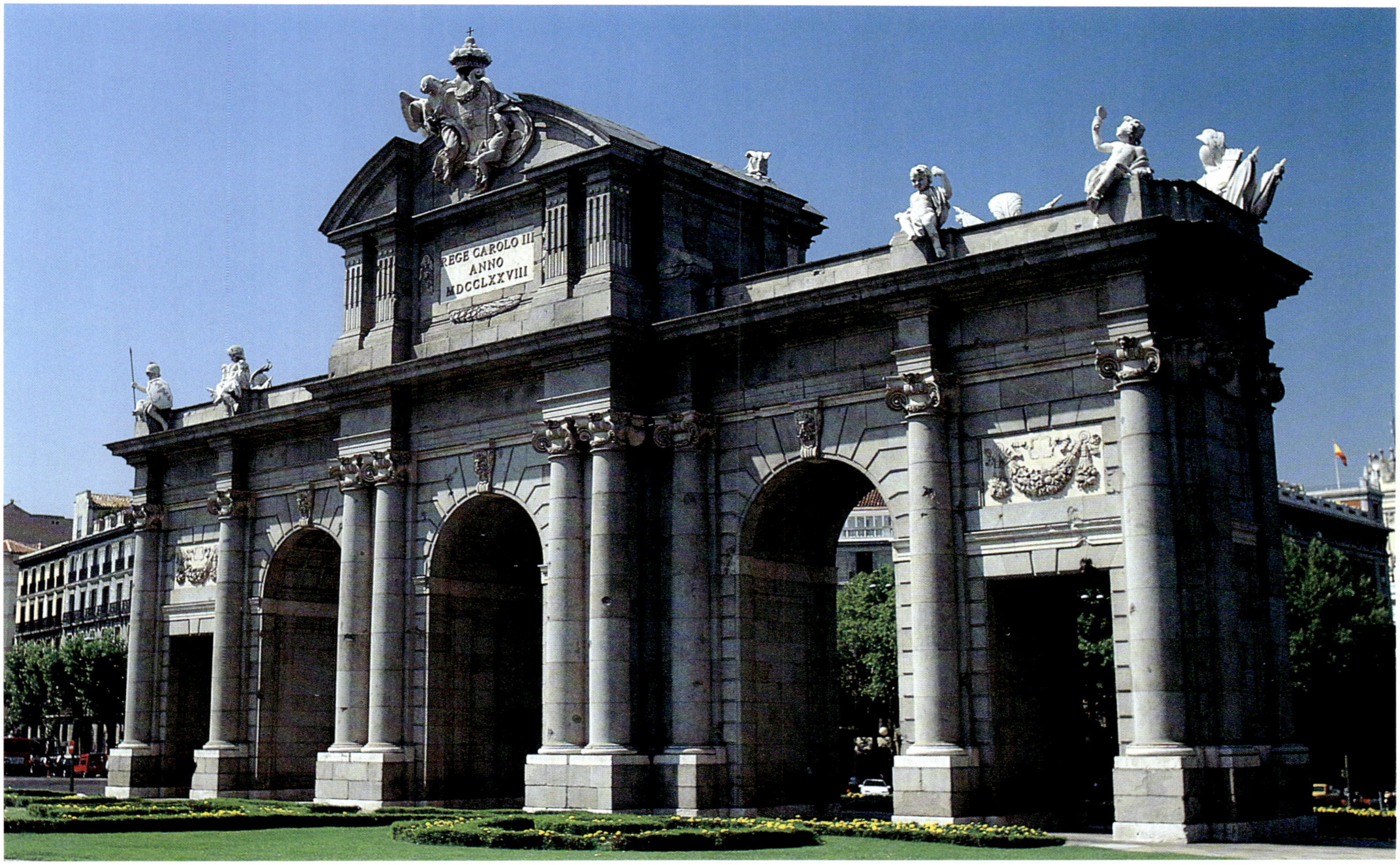
REGE CAROLO III
ANNO
MDCCLXXVIII

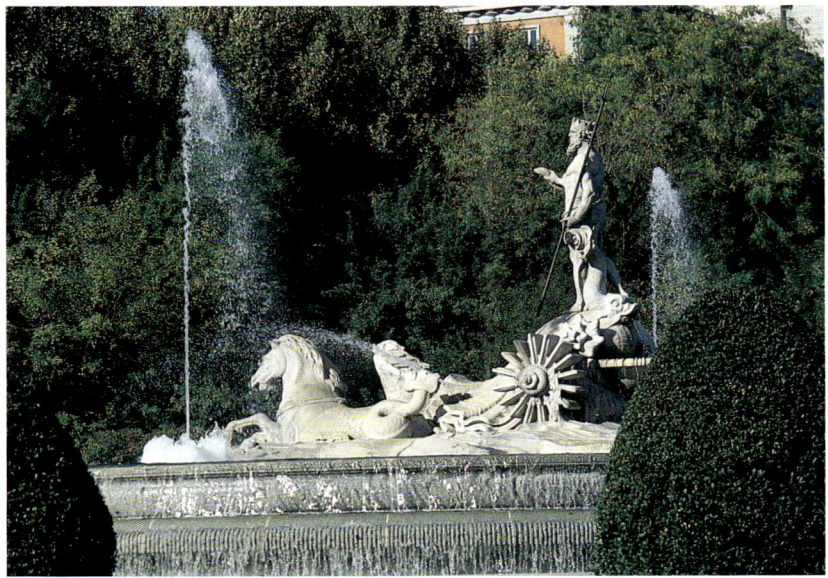

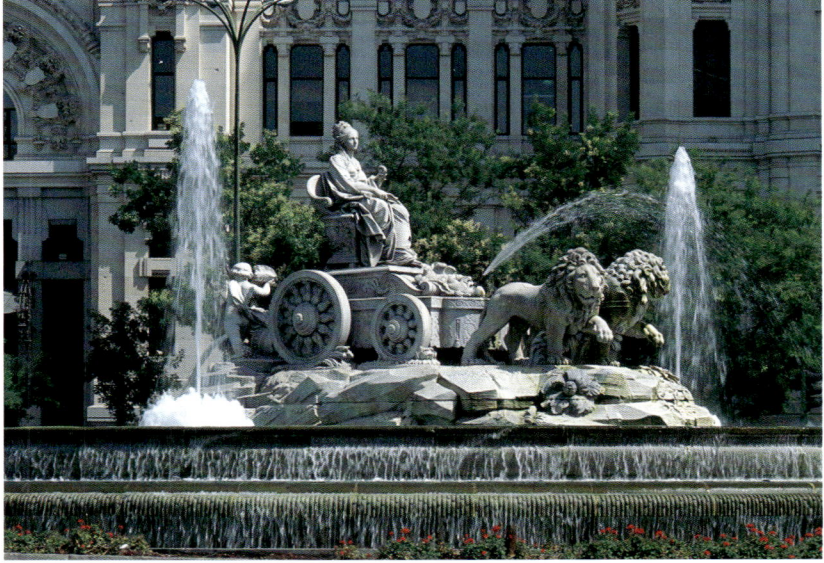

Museo Nacional del Prado   26

Museo Thyssen-Bornemisza   30

Museo Nacional Centro de Arte Reina Sofía   34

Real Academia de Bellas Artes de San Fernando   38

Museo Sorolla   42

Fundación Lázaro Galdiano   46

museos

Museo Nacional del Prado

El edificio que en la actualidad ocupa el Museo del Prado fue un encargo realizado al arquitecto Juan de Villanueva por Carlos III en 1786. Concebido para albergar un Real Gabinete de Ciencias Naturales, las obras se prolongaron hasta comienzos del siglo XIX, coincidiendo con la ocupación napoleónica durante la guerra de la Independencia. Ello supuso la paralización del proyecto, puesto que el ejército francés convirtió el edificio en cuartel de caballería y fundió el plomo del tejado para fabricar balas. Por fin, tras su regreso a Madrid, Fernando VII decidió la restauración del edificio para convertirlo en un Real Museo de Pinturas y Esculturas. Este, inaugurado en 1819, debía albergar las colecciones reales que, iniciadas por el emperador Carlos V en el siglo XVI, habían sido enriquecidas por sus sucesores en el trono español.

En 1827 Fernando VII ordenó a la Real Academia de Bellas Artes de San Fernando la donación de numerosos lienzos de sus colecciones, pero fue en 1872 cuando se produjo un hecho que amplió notablemente los fondos del Prado. En aquella fecha cerró sus puertas el Museo de la Trinidad, que reunía obras de los conventos abandonados por las órdenes religiosas a raíz de las desamortizaciones de Mendizábal. Como consecuencia del cierre, las obras allí custodiadas fueron a parar al Prado.

Ya en el siglo XX, una serie de donaciones y una inteligente política de adquisiciones fueron enriqueciendo las colecciones del museo. El último punto de inflexión en la historia del Prado se produjo en 2007, cuando los Reyes de España y los Príncipes de Asturias inauguraron su ampliación, diseñada por el arquitecto Rafael Moneo, un hermoso proyecto, sobrio y funcional. Esta nueva sección del Prado alberga las obras del siglo XIX y comienzos del XX procedentes del desaparecido Museo de Arte Moderno.

El Prado cubre así esencialmente la historia de la pintura desde el siglo XVI hasta comienzos del XX, con especial presencia de las escuelas española, flamenca e italiana por obvios motivos de vinculación histórica de la monarquía española. Sin duda, los grandes protagonistas de la escuela española son Diego Velázquez, El Greco y Francisco de Goya, mientras que de la flamenca cabría destacar a Peter Paul Rubens, El Bosco y Anton van Dyck, y de la italiana, a los grandes maestros venecianos: Tiziano, Veronés y Tintoretto.

Antes de convertirse en una de las visitas turísticas más populares de España, el Museo del Prado ha visto desfilar por delante de sus lienzos tanto a copistas como a los más prestigiosos artistas europeos de los siglos XIX y XX, deseosos de impregnarse del genio de la galería de pintores allí expuestos.

p. 27
La galería de pinturas del archiduque Leopoldo Guillermo, óleo sobre lienzo de David Teniers el Joven (1610-1690).

p. 28
Las hilanderas o *La fábula de Aracne*, óleo sobre lienzo de Diego Velázquez (1599-1660).

p. 29
Los fusilamientos del 3 de mayo, óleo sobre lienzo de Francisco de Goya y Lucientes (1746-1828).

Museo Thyssen-Bornemisza

La inauguración en 1992 del Museo Thyssen-Bornemisza supuso la culminación del llamado «triángulo del arte madrileño», cuyos otros dos vértices son el Museo Nacional del Prado y el Museo Nacional Centro de Arte Reina Sofía. Si el primero está especializado en la pintura desde el siglo xv hasta comienzos del xx y el Reina Sofía en la de los siglos xx y xxi, el Thyssen-Bornemisza es un museo más ecléctico, con una vocación enciclopédica. De hecho, alberga dos colecciones: la del barón Heinrich Thyssen-Bornemisza, heredada y ampliada por su hijo Hans Heinrich, y la de la viuda de este último, Carmen Cervera, baronesa Thyssen-Bornemisza. La primera fue adquirida por el Estado español en 1993, mientras que la segunda está en cesión temporal en el museo.

El museo abrió sus puertas en 1992 en la antigua residencia de los duques de Villahermosa, un bonito palacio neoclásico de comienzos del siglo xix, magistralmente restaurado por Rafael Moneo. Consta de tres plantas con una alegre fachada en la que alternan el ladrillo rojo y la piedra blanca.

El museo expone casi mil obras reunidas por dos generaciones de barones Thyssen-Bornemisza en una colección que recorre la historia de la pintura occidental desde el Renacimiento hasta finales del siglo xx, deteniéndose en los más importantes estilos, Renacimiento, Barroco, romanticismo y todos los «ismos» de los siglos xix y xx. La importancia museística de la colección, al margen del gran valor artístico y económico de los lienzos expuestos, radica en la presencia de obras de movimientos pictóricos ausentes de los museos españoles, como son el impresionismo francés, el expresionismo alemán, las vanguardias del siglo xx o la espléndida colección de pintura americana del siglo xix, única en Europa y a la que el museo dedica dos salas.

Con posterioridad a su inauguración en 1992, el edificio que alberga el museo fue ampliado en 2002-2003 con la anexión de dos palacios vecinos destinados a exponer parte de la colección que la baronesa Carmen Thyssen-Bornemisza comenzó a reunir tras la muerte de su esposo. La base de dicha colección era en principio obras del barón no expuestas en el museo, pero poco a poco la baronesa comenzó a adquirir cuadros de la escuela española, prácticamente ausente del primitivo catálogo Thyssen-Bornemisza. Si bien en un principio ambas colecciones se exponían por separado, por expreso deseo de Francisca Thyssen-Bornemisza, hija del barón y miembro del Patronato del Museo, está prevista su fusión con criterio histórico.

p. 31
Retrato de Giovanna Tornabuoni, técnica mixta sobre tabla, obra de Domenico Ghirlandaio (1449-1494).

p. 32
«Les Vessenots» en Auvers, óleo sobre lienzo, de Vincent Van Gogh (1853-1890).

p. 33
El sueño, óleo sobre lienzo, Franz Marc (1880-1916).

Museo Nacional Centro de Arte Reina Sofía

El museo de arte contemporáneo más importante de España está ubicado en el edificio que antaño albergó el Hospital General de San Carlos, un encargo de Carlos III a los arquitectos José de Hermosilla y Francesco Sabatini. Restaurado e inaugurado en 2002, pronto se comprobó que su superficie resultaba insuficiente para las exposiciones temporales, las numerosas actividades allí realizadas y el continuo crecimiento de la colección. Por esta razón se le encargó al prestigioso arquitecto francés Jean Nouvel el diseño de un nuevo edificio anexo, que finalmente fue inaugurado en 2005. Estas nuevas instalaciones supusieron una ampliación del 60 por ciento respecto a la superficie original. Además de los edificios Sabatini y Nouvel, el Reina Sofía dispone de dos sedes secundarias en el parque del Retiro: el palacio de Cristal, destinado a instalaciones de artistas contemporáneos, y el palacio de Velázquez, que celebra exposiciones temporales de carácter monográfico.

El museo fue creado con la vocación de convertirse en un referente internacional en la museística de arte contemporáneo. Por ello, además de la organización de exposiciones temporales de gran calidad, convenía reunir una buena colección permanente. El núcleo primitivo de esta colección lo constituyeron las obras del Museo Español de Arte Contemporáneo, pero pronto una acertada política de adquisiciones y las donaciones en concepto de impuestos testamentarios, como las que hicieron los herederos de Joan Miró y Salvador Dalí, ampliaron los fondos del museo, que están en constante evolución. Además de estos dos maestros catalanes, cabe citar, entre los artistas españoles con obra colgada en las paredes del Museo Nacional Centro de Arte Reina Sofía a Antoni Tàpies, Juan Gris, Jorge de Oteiza, Antonio Saura, el Equipo Crónica, Antonio López o Miquel Barceló; entre los extranjeros, René Magritte, Jean Arp, Yves Tanguy, Francis Picabia, Georges Braque, Fernand Léger, Francis Bacon, Diego Rivera, Alexander Calder, Sam Francis, Roy Lichtenstein o Yves Klein.

No obstante, el gran protagonista del museo, el pintor que por sí solo justificaría su existencia, es Pablo Picasso. En efecto, el museo exhibe, entre otras obras suyas, el espectacular *Guernica*, el alegato contra la agresión fascista al pueblo español creado por el genio malagueño para que fuera expuesto en el pabellón de la República en la Exposición Internacional de París de 1937. El cuadro llegó desde el MoMA neoyorquino al Casón del Buen Retiro, donde estuvo expuesto un tiempo de forma totalmente descontextualizada, hasta que encontró en el Reina Sofía su hábitat perfecto, rodeado de obras contemporáneas, de lienzos del mismo Picasso y de numerosos bocetos preparatorios de la obra. La contemplación del *Guernica* merece por sí sola la visita a este gran museo.

p. 35
Los clowns, óleo sobre lienzo de José Gutiérrez Solana (1886-1945).

p. 36
Violín y guitarra, óleo sobre lienzo de Juan Gris (1887-1927).

p. 37
Greta Garbo, escultura en hierro, de Pablo Gargallo (1881-1934).

Real Academia de Bellas Artes de San Fernando

A mediados del siglo XVIII, en el marco de la titubeante Ilustración española, se fundó la Real Academia de las Tres Nobles Artes. Esta institución nació con la vocación de convertirse en protectora de las artes (pintura, escultura y arquitectura), al tiempo que pretendía ser una alternativa a la enseñanza de las materias artísticas, hasta entonces limitada al aprendizaje en los talleres. Como otras Reales Academias creadas en el siglo XVIII, estaba directamente vinculada al monarca, que delegaba su autoridad en los consiliarios, todos ellos miembros de la nobleza. La Academia fue objeto de sucesivas reformas en sus estatutos y objetivos. Una de las más importantes fue la que en 1847 desvinculó de la institución la enseñanza de la arquitectura. Las más recientes han sido la reforma del edificio dirigida en 1972 por el arquitecto Fernando Chueca Goitia, la que en 1987 integró las artes visuales, fotografía, vídeo, televisión y cinematografía a la sección de escultura, y el acondicionamiento de las plantas superiores del edificio en 2011 a cargo del artista Gustavo Torner.

La Academia tuvo su sede en la planta noble de la Real Casa de la Panadería hasta 1773, año en que fue adquirido en la calle de Alcalá el palacio de Goyeneche, obra de José Benito de Churriguera y reformado por el arquitecto Diego de Villanueva, quien lo despojó de muchos de sus elementos barrocos para adaptarlo al gusto neoclásico de la época.

A partir de 1975 la enseñanza artística pasó a la Escuela de Bellas Artes de la Universidad Complutense de Madrid, y la Academia pudo plantearse la utilización del espacio liberado para la creación de un museo. Este espacio quedó ampliado en 2011, cuando se recuperaron 22 nuevas salas del edificio, antiguamente ocupadas por dependencias del Ministerio de Economía y Hacienda. La oferta museística de la Academia incluye exposiciones temporales y la exhibición de su colección permanente. Esta se halla compuesta por obras de los alumnos que durante más de dos siglos estudiaron allí, así como de otras procedentes de nacionalizaciones, como las de la Compañía de Jesús, orden religiosa expulsada en 1769, las procedentes de la desamortización de Mendizábal, o la magnífica colección de Manuel Godoy. También algunos mecenas han hecho donación de obras a la Academia o bien han aportado dinero para que esta hiciera adquisiciones. Asimismo los académicos donan una de sus obras en el momento de tomar posesión del cargo. Así, en el museo de la Academia pueden admirarse trece lienzos de Francisco de Goya, que fue académico, dos de Francisco de Zurbarán, un ribera, la espléndida *Primavera*, obra de Giuseppe Arcimboldo, un rubens, varios cuadros de Madrazo, Sorolla, Vázquez Díaz o Cecilio Pla.

p. 39
La primavera, óleo sobre lienzo de Giuseppe Arcimboldo (1527-1593).

p. 40
Retrato de *Fray Jerónimo Pérez*, óleo sobre lienzo de Francisco de Zurbarán (1598-1664).

p. 41
La casta Susana o *Susana y los viejos*, óleo sobre lienzo de Peter Paul Rubens (1577-1640).

Museo Sorolla

En el apogeo de su carrera, en 1909, Joaquín Sorolla adquirió un solar en el barrio de Chamberí y encargó a Enrique María de Repullés el proyecto de la que iba a ser su casa-taller. El artista intervino personalmente en el diseño de la obra, modificando varias veces el proyecto. A finales de 1911, por fin, Sorolla y su familia se instalaban en el enorme inmueble neoclásico. Rodeado de amplios jardines de inspiración andaluza, el edificio presentaba dos espacios bien delimitados: por una parte, la vivienda, compuesta por una planta baja con las estancias comunes y un primer piso con cuatro dormitorios; por otra parte, y con entrada directa desde el jardín, la zona de trabajo del artista, tres estudios sucesivos de altos techos. Gracias a la generosidad de su viuda y de sus hijos, que cedieron el edificio y obras del artista al Estado, la mansión alberga en la actualidad el Museo Sorolla.

Nacido en Valencia en 1863, Joaquín Sorolla Bastida fue el pintor de la luz mediterránea. Nadie como él ha plasmado en un lienzo la luminosidad de las playas levantinas, las escenas de bañistas, como *Paseo al borde del mar*, *El niño de la barquita*, y de pescadores, como *Pescadoras valencianas* o *La vuelta de la pesca*. Ya a los veinte años, Sorolla se desplazó a Madrid, donde descubrió, en el Museo del Prado, la pintura de Diego Velázquez, que influiría notablemente en la composición de sus cuadros. En 1885 viajó a Roma y a París, ciudad esta última que era a la sazón la capital mundial del arte. Allí descubrió la delicada forma de tratar la luz de los pintores nórdicos, así como las técnicas de los primeros pintores impresionistas. Luminismo, dinámica en la composición e impresionismo son, pues, los elementos que conformaron el personalísimo estilo del pintor levantino.

El museo ocupa los tres talleres del pintor, que en su momento fueron respectivamente almacén de material, sala de exposición y estudio del artista. Es especialmente interesante este último espacio, con la decoración original, las diferentes fuentes de luz (grandes ventanales, lucernario) y los distintos caballetes con lienzos a media ejecución, en los que Sorolla trabajaba según su inspiración.

La visita continúa en la antigua vivienda familiar. En la planta baja se ha respetado el mobiliario original y las colecciones de obras que el pintor fue reuniendo a lo largo de su vida, mientras que la planta en la que se ubicaban antiguamente los dormitorios ha sido modificada para convertirla en cuatro salas de exposición, en las que se exhiben obras del artista, entre ellas los bocetos de los famosos murales que Sorolla pintó para la Hispanic Society de Nueva York.

p. 43
Autorretrato, óleo sobre lienzo de Joaquín Sorolla y Bastida (1863-1923).

p. 44
Pescadoras valencianas, óleo sobre lienzo de Joaquín Sorolla y Bastida (1863-1923).

p. 45
La bata rosa, óleo sobre lienzo de Joaquín Sorolla y Bastida (1863-1923).

Fundación Lázaro Galdiano

José Lázaro Galdiano (1862-1947) fue un financiero, coleccionista y crítico de arte que dedicó su vida a defender y recuperar el patrimonio artístico español víctima de la presión de los marchantes y los coleccionistas extranjeros. En 1903 su matrimonio con Paula Florido, una viuda argentina que, como él, era coleccionista y gozaba de un patrimonio considerable, lo puso en contacto con los mercados internacionales del arte. Juntos hicieron construir en la calle Serrano el palacete neorrenacentista de Parque Florido, el cual iba a ser a partir de 1909 su residencia, el lugar adecuado para exponer sus colecciones y un centro de tertulias que reunía a lo más granado de la intelectualidad de la época. A su muerte, en 1947, el mecenas legó su patrimonio, incluidos el palacete, su fabulosa colección de lienzos, su editorial y su biblioteca al Estado español. En 1951, después de una cuidadosa adaptación del edificio a cargo del prestigioso arquitecto Fernando Chueca Goitia, quedó abierto el Museo Lázaro Galdiano en la que había sido su residencia.

Las colecciones del financiero incluyen su extraordinaria biblioteca, piezas de bellas artes, como pinturas, dibujos, estampas, o esculturas, y piezas de artes aplicadas, como joyas, esmaltes, cerámicas, relojes, armas y armaduras. Para reunir sus colecciones, Lázaro Galdiano siguió un criterio muy ecléctico movido sobre todo por la belleza del objeto. Así, se encuentran en la colección desde lienzos de pintores muy valorados, hasta joyas del siglo XIX. No obstante, lo que sin duda atrae a más visitantes es la fabulosa colección de pintura. Son unos setecientos cincuenta lienzos centrados en la escuela española. Sin duda, el gran protagonista de la colección es Francisco de Goya y Lucientes, del que se exponen grabados y lienzos tan representativos de su obra como *El aquelarre*, *Magdalena penitente*, *Las brujas*, *La era* o *Matrimonio desigual*. Otros pintores de la escuela española expuestos en el museo son El Greco *(San Francisco en éxtasis, Adoración de los Reyes)*, Bartolomé Esteban Murillo *(San Sebastián muchacho, Santa Rosa de Lima, San José con el Niño)*, Francisco de Zurbarán *(La Virgen de la Merced)* o Luis Paret *(Caza de patos en la Albufera)*. La colección alberga también obras de otros pintores europeos, como El Bosco, Giambattista Tiepolo, Naccherino o John Constable. Una de las obras más famosas del museo es *El Salvador adolescente*, un delicadísimo retrato atribuido durante mucho tiempo a Leonardo da Vinci, de hecho obra de su discípulo Giovanni Antonio Boltraffio.

p. 47
Cristo en bendición, esmalte *cloisonné* (siglos XI-XII).

p. 48
Interior de la Fundación Lázaro Galdiano, en el que se aprecia la riqueza de sus colecciones de objetos de artes aplicadas.

p. 49
Meditación de san Juan Bautista, óleo sobre tabla, obra de Hieronymus Bosch, llamado El Bosco (1450-1516).

Círculo de Bellas Artes 52

CaixaForum Madrid 56

Matadero Madrid 60

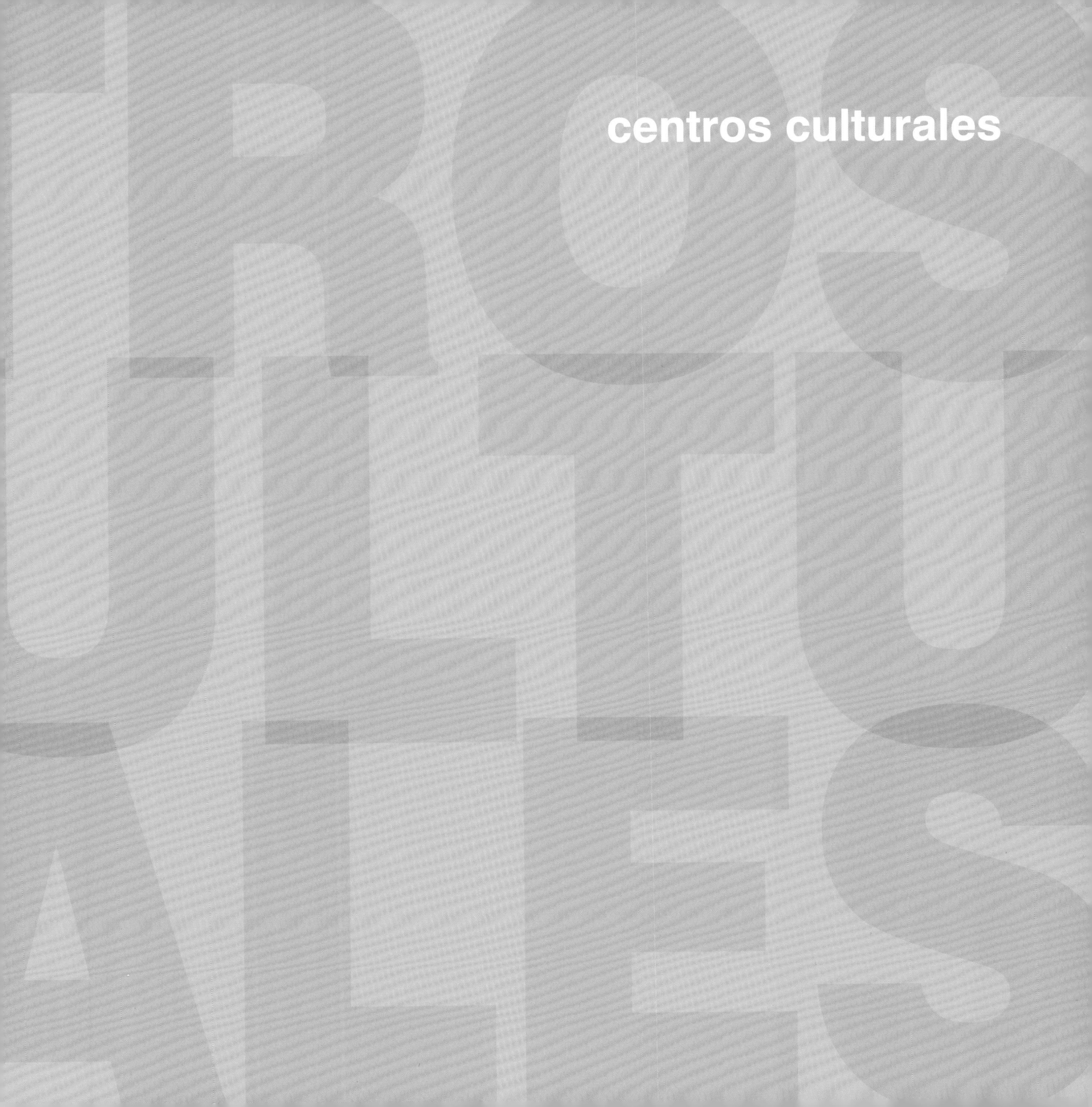

centros culturales

Círculo de Bellas Artes

En 1880 un reducido grupo de artistas creó un club privado para exponer y vender sus cuadros. Aquel mismo año, el incremento de socios les llevó a convertirlo en el Círculo de Bellas Artes, una entidad cuyo objetivo era la difusión cultural, especialmente de las artes plásticas. En 1919 el arquitecto Antonio Palacios ganó el concurso convocado para construir la sede definitiva del Círculo en la calle de Alcalá. El edificio concebido por Palacios es un espacio multifuncional, con espacios de planta rectangular, diferenciados en volúmenes y alturas según los pisos. En la planta baja se encuentran el vestíbulo, la espectacular escalera, las salas de conferencias y exposiciones y la cafetería La Pecera; en el piso principal se suceden los salones para reuniones sociales, conferencias y el cine-teatro Fernando de Rojas. De los dos áticos, en el primero se encuentran la biblioteca y la sala de juntas; el segundo cuenta con dos salones, el de Columnas y el de Antonio Palacios, y una zona de recreo, con el salón de Billares. En lo alto, dos plantas aterrazadas con salas de exposiciones y talleres. El edificio está rematado con una elegante torre junto a una amplia terraza, de acceso público, coronada por una imponente estatua de bronce de Minerva, obra Juan Luis Vasallo. El edificio fue declarado Monumento Histórico Nacional en 1981 y ha sufrido varias remodelaciones, entre ellas la de 1995 a cargo del arquitecto Mas-Guindal.

En 1983 la Asociación de Artistas Plásticos procedió a un *aggiornamento* del Círculo, abriéndolo a la ciudadanía madrileña y a las últimas tendencias artísticas internacionales, potenciando las actividades culturales para establecer un fructífero diálogo con la ciudad. El Círculo ofrece a lo largo del año un interesante programa de actividades culturales que comprende desde conferencias, congresos y talleres, a conciertos, representaciones teatrales, danza, recitales y exposiciones de pintura, escultura, grabado, dibujo o fotografía. Asimismo edita la revista *Minerva*, tiene su propia editorial y cuenta con una emisora de radio. A lo largo del tiempo ha ido reuniendo una notable colección de arte, con obras de artistas como Mariano Benlliure, Federico Madrazo, Santiago Rusiñol, Antonio Saura, Eduardo Chillida, el Equipo Crónica y Joan Miró. La biblioteca, especializada en historia y teoría del arte, dispone de un fondo de unos veinte mil volúmenes. Una visita aconsejable: en un día de cielos velazqueños, subir a la terraza para disfrutar del horizonte madrileño a la puesta de sol.

p. 53
Edificio del Círculo de Bellas Artes, de Antonio Palacios, rematado por la espectacular estatua de Minerva, obra de Juan Luis Vasallo.

pp. 54-55
Vista panorámica de los tejados de Madrid desde la azotea del Círculo de Bellas Artes, accesible al público.

CaixaForum Madrid

Este centro cultural promovido por la catalana Caixa d'Estalvis i Pensions está ubicado en el Paseo del Prado, en el «triángulo del arte» cuyos vértices son el Museo Nacional del Prado, el Museo Nacional Centro de Arte Reina Sofía y el Museo Thyssen-Bornemisza. Su sede es la antigua central eléctrica del Mediodía, uno de los escasos edificios industriales modernistas de la ciudad de Madrid; un proyecto de 1899 del arquitecto Jesús Carrasco y Encina y el ingeniero José María Hernández. Se trata de un edificio de dos naves gemelas construidas en ladrillo vista sobre un zócalo de granito. La rehabilitación del edificio para sus nuevas funciones, que duró de 2001 a 2005, corrió a cargo del equipo de arquitectos suizos Jacques Herzog y Pierre de Meuron. Estos reputados profesionales decidieron suprimir el zócalo de granito y conservar las fachadas de ambas naves, dejándolas como suspendidas en el vacío en una plaza abierta hasta el Paseo del Prado, donde se sitúa la entrada principal. El elemento arquitectónico que predomina en el proyecto es el triángulo, que aparece en forma de placas tanto en el suelo como en el falso techo de la plaza.

Uno de los elementos más característicos del centro es el jardín vertical que ocupa uno de sus muros, una creación del botánico francés Patrick Blanc. Se trata de un tapiz vegetal que cubre una superficie de 460 m^2 y alberga 15.000 plantas de 250 especies diferentes. El jardín vertical no tiene solo una función decorativa, sino que también resulta un aislante térmico y acústico muy eficaz.

Las instalaciones de CaixaForum ofrecen al público madrileño todo tipo de actividades relacionadas con la cultura. Tiene más de 2.500 m^2 de superficie destinada a exposiciones, y estas dan pie además a numerosas actividades complementarias, como visitas guiadas y cursillos sobre las obras expuestas. En su auditorio, con una capacidad de 310 personas, se dictan conferencias, se celebran conciertos y debates... El centro dispone de varias salas polivalentes, destinadas a las mesas redondas y a los cursillos, y dos salas de audiovisuales, donde se proyectan películas y documentales. Mostrando su sensibilidad social, CaixaForum promueve asimismo actividades lúdico-didácticas destinadas a los más pequeños, talleres de introducción a las diferentes actividades artísticas, visitas a las exposiciones comentadas y adaptadas a los niños, y cursillos para los enseñantes con el objetivo de ayudarles a iniciar a sus alumnos de forma amena en el mundo del arte.

p. 57
Arriba, una de las salas de exposición, dispuestas en amplios espacios para una mejor visualización de las obras; abajo izquierda, las generosas vidrieras de la cafetería del CaixaForum, que establece un agradable diálogo con el exterior; abajo derecha, vista en picado de la diáfana escalera que comunica los diferentes niveles del centro cultural.

p. 58-59
Gran Elefante erguido, escultura en bronce de 7 m de altura, obra de Miquel Barceló. La pieza se instaló en la plaza que da acceso a la sede del centro cultural CaixaForum y formaba parte de la exposición dedicada al artista.

57

Matadero Madrid

Durante el siglo XIX comenzaron a construirse en las grandes capitales europeas espaciosos mataderos municipales. Solían estar situados en los límites de la urbe, pero a finales del siglo XX, el crecimiento galopante de las ciudades acabó absorbiéndolos y pronto resultó aconsejable la construcción de nuevas instalaciones alejadas del casco urbano. Madrid, como antes lo hizo París, ha convertido el espacio y las naves liberadas de su antiguo matadero en un gran centro de difusión cultural.

El matadero municipal de Legazpi ocupa una superficie de 165.415 m², en la que se levantan una serie de naves industriales del estilo neomudéjar típico de la arquitectura industrial de finales del siglo XIX y comienzos del XX. Fue un proyecto de Luis Bellido, quien estableció las condiciones que debía reunir la instalación, y del ingeniero José Eugenio, pionero en España del uso del hormigón armado, un material imprescindible para la construcción de las naves diáfanas previstas por Bellido.

En la actualidad, Matadero Madrid se autodefine como Centro de Creación Contemporánea y, en palabras de Alicia Alonso, concejala de Cultura del Ayuntamiento madrileño, debe ser «un centro multidisciplinar donde tenga cabida cualquier disciplina creativa (desde la música a la literatura, pasando por la arquitectura, la danza, el diseño, el cine o el paisajismo) y, al mismo tiempo, transdisciplinar, donde todas las actividades puedan interactuar y enriquecerse». Las grandes naves diáfanas han sido adaptadas, respetando su estructura arquitectónica, para albergar actividades culturales de todo tipo. Así, las naves del Español han sido adecuadas como espacios escénicos en una interesante colaboración del director teatral Mario Gas, el creador de espacios escénicos Jean-Luc Lecat, el técnico escenógrafo Francisco Fontanals y el arquitecto municipal Emilio Esteras. El espacio La Central del Diseño alberga en otra nave rehabilitada por el arquitecto José Antonio García Roldán un potente centro de creación y divulgación de esta actividad gestionado por la Fundación Diseño Madrid. La Casa del Lector es un centro de culto a la lectura en todas sus manifestaciones, con exposiciones, cursillos, conferencias, talleres de creación literaria y artes escénicas. La Cineteca pretende abarcar todos los temas relacionados con la creación audiovisual, con una concreta vocación de convertirse en un referente en el mundo del cine documental, con sala de proyecciones y un plató. El contacto de todos estos focos de producción cultural crea una sinergia que potencia la capacidad creativa y la fuerza expresiva de cada uno de ellos.

p. 61
Arriba, una exposición de carteles pop en uno de los espacios de la institución; abajo izquierda, la fachada de ladrillo de una de las naves del antiguo matadero; abajo derecha, las siluetas de una pareja a contraluz componen una curiosa (e involuntaria) obra de arte efímero.

pp. 62-63
Los carteles de las actividades del centro cultural Matadero Madrid animan su anodina tapia exterior a modo de *street art*.

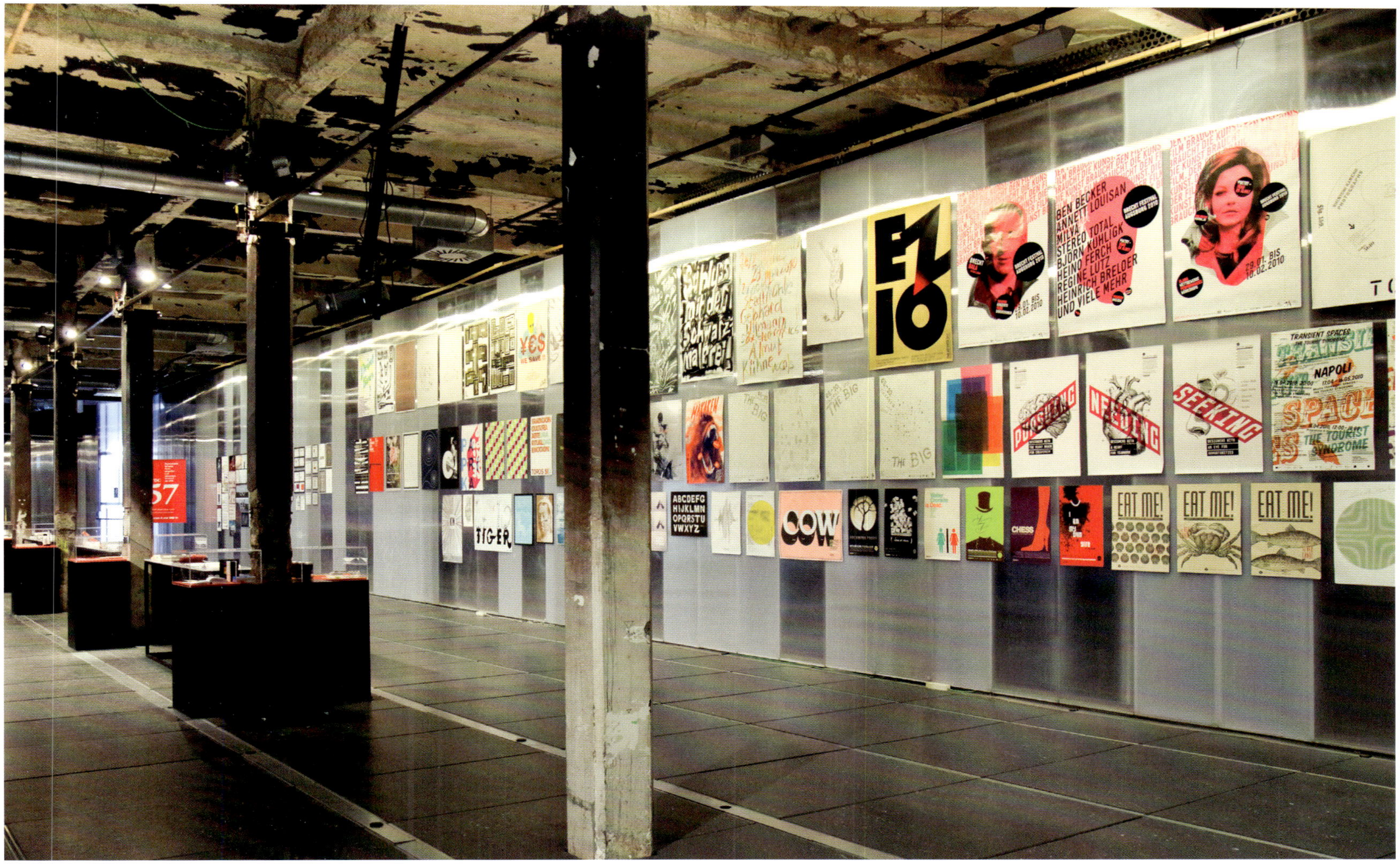
BEN BECKER
ANNETT LOUISAN
MILVA
STEREO TOTAL
HEINRICH BRELOER
UND VIELE MEHR
SEEKING
NAPOLI
THE TOURIST SYNDROME
ABCDEFG
HIJKLMN
OPQRSTU
VWXYZ
TIGER
COW
CHESS
EAT ME!
EAT ME!
EAT ME!

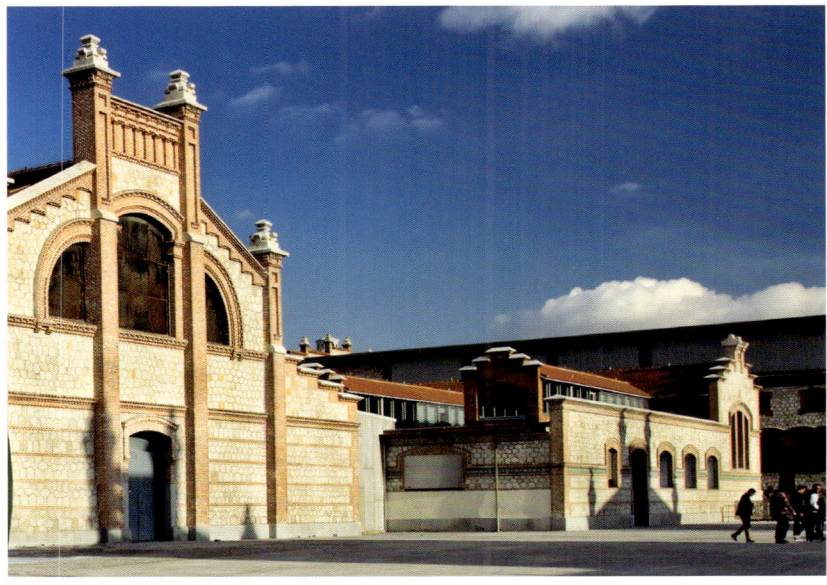

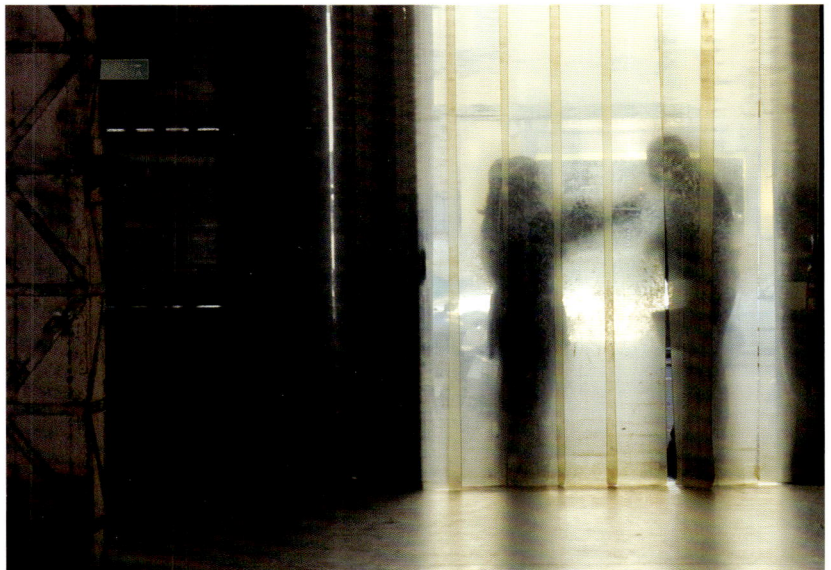

Palacio Real   66

Aranjuez   70

Real Sitio de San Lorenzo de El Escorial   74

Real Sitio de El Pardo   78

reales sitios

Palacio Real

El actual Palacio Real fue construido en el siglo XVIII en el emplazamiento del antiguo Real Alcázar, un edificio que a su vez había sido erigido sobre una fortaleza medieval musulmana. Cuando en 1700 Felipe V accedió al trono español como primer representante de la dinastía francesa de los Borbones, quedó abrumado por la austeridad de los palacios reales castellanos. Él se había criado en el *château* de Versalles, la residencia real de su abuelo, Luis XIV, el Rey Sol, que había construido el palacio más lujoso de su época, la envidia de todas las cortes europeas. Es de suponer que cuando la Nochebuena de 1734 un incendio destruyó el Real Alcázar, Felipe V debió de pensar que se le presentaba la ocasión de construir por fin el palacio que un vástago de la casa real francesa merecía. Para ello encargó el proyecto a Filippo Juvara, un prestigioso arquitecto siciliano. A la muerte de este, su discípulo Giovanni Battista Sachetti se encargó del proyecto, modificando notablemente los planos de su maestro. Construyó así un enorme palacio de estilo barroco, rematado por numerosas estatuas que fueron retiradas posteriormente, bajo el reinado de Carlos III, para darle al edificio un aspecto más neoclásico. Toda la construcción se realizó en piedra y ladrillo, con techumbres abovedadas para evitar la madera de las vigas y el peligro de incendio. Felipe V no pudo ver su sueño terminado, pues falleció antes de que acabasen las obras, que duraron diecisiete años. El primer monarca que estableció su residencia en el Palacio Real, en 1764, fue Carlos III, quien contribuyó decisivamente a su paramento interior. A él se deben el salón del Trono, decorado con magníficos frescos de Giambattista Tiépolo; la cámara del Rey, llamada también de Gasparini por el pintor y estucador que lo decoró; la sala de la Porcelana, obra de la Real Fábrica del Buen Retiro; o el salón de Alabarderos, concebido por Sachetti como sala de baile y pintado con frescos de Tiépolo. El palacio cuenta con 2.800 habitaciones y en su ornamentación han contribuido todos sus ocupantes. Así, a Fernando VI se debe la Capilla Real, mientras que fue Isabel de Farnesio quien encargó el diseño del llamado Antiguo Cuarto de la Reina, más tarde reformado por María Isabel de Braganza, esposa de Fernando VII. Bajo la regencia de María Cristina se creó la Biblioteca Real, que reúne las colecciones de libros de la casa real española. A Carlos IV se debe el salón de Espejos, de estilo neoclásico. El Palacio Real alberga también una espléndida colección de Stradivarius y, en la Armería Real, una extraordinaria colección de armaduras, única en el mundo, entre ellas las de los monarcas españoles, desde el siglo XV al XVIII.

p. 67
Izquierda arriba, fachada del Palacio Real vista desde la catedral de Santa María la Real de la Almudena; izquierda abajo, salón de Gasparini, con la bóveda de estuco y el espectacular mosaico del suelo; derecha arriba, *La religión protegida por España*, fresco de la bóveda de la escalera principal, de Corrado Giaquinto (1703-1765); derecha abajo, salón del Trono.

pp. 68-69
Fachada oeste del Palacio Real con la catedral de Santa María la Real de la Almudena a la derecha de la imagen.

Aranjuez

En el año 2001 la Unesco inscribió la ciudad de Aranjuez en la Lista del Patrimonio de la Humanidad como paisaje cultural, es decir, como aquel territorio en el que la interacción del hombre y la naturaleza ha creado un entorno de rara belleza y perfecto equilibrio. Los Reyes Católicos fueron quienes decidieron convertir una propiedad de la orden de Santiago en uno de sus palacios de recreo, al tiempo que encargaban el primero de los numerosos jardines de la ciudad, el llamado Jardín de la Reina. Su sucesor, Carlos I, creó el Real Bosque y la Casa de Aranjuez, concebidas como coto y pabellón de caza, respectivamente. La actuación de su hijo Felipe II resultó decisiva en la configuración del conjunto de jardines y palacios. No solo encargó a sus arquitectos favoritos, Juan de Herrera y Juan Bautista de Toledo, la construcción del Palacio Real, sino que, llevado por su curiosidad científica y su afición al estudio, ordenó a los funcionarios españoles de América que enviaran plantas de aquel continente para crear el Jardín de la Isla, el primer jardín botánico de Europa. En 1625 Felipe IV hizo construir en la isla situada en el centro del Mar de Ontígola (embalse que suministraba el agua al conjunto de Aranjuez), una isleta con un cenador y un embarcadero. Los personajes reales gustaban de navegar por el lago artificial en unas embarcaciones que pueden admirarse actualmente en el Museo de Falúas Reales de Aranjuez.

La llegada de la dinastía de los Borbones tuvo también una notable influencia en el conjunto monumental y botánico. Acostumbrado a su añorado palacio de Versalles, Felipe V derribó la antigua Casa de la Maestranza y amplió el Palacio Real. Su hijo Fernando VI no solo reconstruyó el Palacio Real después de que este sufriera un gran incendio, sino que encargó al arquitecto Santiago Buenavía la construcción de la iglesia de San Antonio y, sobre todo, la creación del pueblo de Aranjuez, obra del mismo arquitecto. Ello explica la homogeneidad estilística de esta población, que afortunadamente ha llegado hasta nuestros días. Carlos III, el rey de la Ilustración, quiso impulsar el estudio científico de la agricultura y, para ello, creó el Real Cortijo de San Isidro y el Campo Flamenco de Otos, regados por una eficaz red de canales. Fue también este monarca ilustrado quien construyó el hospital de San Carlos Borromeo, el convento de San Pascual Bailón, un nuevo hospicio y las dos alas del Palacio Real. Por último, a Carlos IV se deben la Casa del Infante, el palacio Godoy, el de los Duques de Medinaceli, la Casa del Labrador y gran parte de las fuentes y estanques.

p. 71
Izquierda arriba, fuente de Ceres, en el parterre oriental del Palacio Real; izquierda centro, salón de baile de la Casa del Labrador; izquierda abajo, vista panorámica del Palacio Real; derecha arriba, sala de Porcelana del Palacio Real; derecha abajo, Cámara de la Reina, o sala de música de Isabel II.

pp. 72-73
La elegante fachada principal del Palacio Real de Aranjuez.

Real Sitio de San Lorenzo de El Escorial

El día 10 de agosto de 1557, festividad de San Lorenzo, el ejército de Felipe II derrotaba en San Quintín a las tropas francesas. Para conmemorar esta victoria, el rey español decidió construir un monasterio en honor de san Lorenzo. La intención del monarca era crear un conjunto arquitectónico con tres funciones: la de panteón real, la de palacio y la de cenobio de los Jerónimos. Para ello, Felipe II eligió una partida de terreno cercana a Madrid, que incluía el bosque de la Herrería, el poblado de la Fresneda, la finca del Campillo, la dehesa de Monesterio y el término municipal de El Escorial. Al margen del conjunto arquitectónico, el monarca planificó el territorio circundante siguiendo un criterio paisajístico de una modernidad asombrosa. El panteón-monasterio-palacio real estaba rodeado por un gran jardín de diseño renacentista, que se prolongaba, a medida que se alejaba de la zona edificada, en un entorno natural de bosque y de dehesa prácticamente intacto. El proyecto fue encargado a Juan Bautista de Toledo y la primera piedra se colocó el 9 de mayo de 1563. A la muerte del arquitecto, tomó las riendas del proyecto Juan de Herrera, quien modificó notablemente el proyecto, siempre de acuerdo con Felipe II, que intervino en persona en la concepción de la obra. Finalmente, la última piedra fue colocada el 13 de septiembre de 1584, veintiún años después del comienzo de las obras.

El monasterio, de estilo renacentista, tiene planta rectangular, con torres cuadradas en los ángulos, evocando así una parrilla invertida, el instrumento de martirio de san Lorenzo. Las fachadas son de una austeridad y sencillez solo rota por las líneas de las ventanas. Ni siquiera las torres esquineras sobresalen para no romper el plano de las fachadas. La excepción es la entrada principal, con tres puertas realzadas por sendos frontones. El cuerpo central del conjunto monástico está formado por la iglesia panteón, el núcleo de la residencia real, y el patio de los Reyes, alrededor del cual se articulan las dependencias conventuales. Para la decoración del palacio y del monasterio, Felipe II recurrió a pintores italianos de la talla de Tibaldi, Cambiaso y Zuccaro. El palacio también alberga pinturas de El Bosco, El Greco, una colección de pintura veneciana del siglo XVI y, en el llamado Palacio del siglo XVIII, tapices realizados sobre cartones de Francisco de Goya. Completan el conjunto palaciego dos obras del gran arquitecto de corte del siglo XVIII, Juan de Villanueva: la Casita del Infante, o Casita de Arriba, y la Casita del Príncipe, construidas para el hijo de Carlos III y para Carlos IV, respectivamente.

p. 75
Arriba, el templete central del patio de los Evangelistas, con las esculturas de san Mateo, san Lucas, san Marcos y san Juan; abajo izquierda, salón de Embajadores en el Cuarto Real; abajo derecha, salón de los Impresos de la Real Biblioteca.

pp. 76-77
Vista aérea del monasterio de El Escorial, en la que se aprecia su forma de parrilla invertida.

Real Sitio de El Pardo

El Real Sitio de El Pardo está situado en el monte homónimo, una extensa zona boscosa de 16.000 ha situada 10 km al noroeste de Madrid. El conjunto monumental comprende el palacio de El Pardo, la Casita del Príncipe, la Quinta y el palacio de la Zarzuela. El palacio fue edificado en el siglo XVI por iniciativa de Carlos I, quien encargó el proyecto a Luis de Vega. Este aprovechó los cimientos del pabellón de caza que Enrique IV había hecho construir en el siglo XV, lo que condicionó la estructura general: planta cuadrangular rodeada de fosos con torretas esquineras. Desgraciadamente, en 1604 un incendio destruyó la bellísima decoración italiana encargada por Felipe II, así como numerosas obras de arte, como lienzos de Tiziano, Moro y Coello. En la actualidad, el palacio real alberga valiosos tapices sobre cartones de Bayeu, Castillo y, sobre todo, Francisco de Goya, a quien Carlos III encargó cinco series. Además de las valiosas piezas de mobiliario de los siglos XVIII y XIX, el palacio está decorado también con lienzos de Juan de Flandes, Ribera, Carducho y Cabrera, y un techo pintado por Gaspar Becerra, que se salvó del incendio de 1604.

La Casita del Príncipe fue construida a finales del siglo XVIII por Carlos III para su heredero, el futuro Carlos IV. Encargó el proyecto al arquitecto real, Juan de Villanueva, quien diseñó un palacete de una planta, de cinco cuerpos, construido en granito y ladrillo, con un jardín neoclásico en cuadrícula frente a la fachada principal. Los techos del palacete, abovedados, están decorados con pinturas de Mariano Salvador Maella, Francisco Bayeu y Vicente López. Alberga una extraordinaria colección de retratos de Anton Raphael Mengs. Tanto su arquitectura como su decoración son un ejemplo perfecto de transición del estilo barroco al neoclasicismo, una transición que Villanueva supo llevar a cabo con mano maestra.

El palacio de la Quinta fue construido en 1717 por el duque del Arco, quien se inspiró para ello en el cercano palacio de la Zarzuela. Se trata de un edificio con una planta noble, un semisótano para los servicios domésticos y un altillo para el alojamiento de la servidumbre. Está rodeado por unos jardines de estilo neoclásico diseñados por el francés Claude Truchet. En 1745, a la muerte del duque, su viuda donó el palacete a Felipe V.

Por último, el palacio de la Zarzuela, edificio del siglo XVII, resultó totalmente destruido durante la guerra civil (1936-1939) y fue reconstruido posteriormente. En la actualidad es la residencia de la familia real y, obviamente, no se puede visitar.

p. 79
Arriba izquierda, patio de los Austrias; arriba derecha, despacho de Juan Carlos I en su época de príncipe; abajo izquierda, antiguo comedor, con frescos de Juan Gálvez (1774-1846); abajo derecha, teatro de Carlos IV.

pp. 80-81
Fachada principal del palacio de El Pardo.

El Rastro   84

El mercado de San Miguel   88

Los comercios de siempre   92

Los cafés   96

Flamenco y jazz   100

Madrid singular

El Rastro

Este bullicioso mercadillo nada tiene que ver con el Madrid monumental, con la capital del reino que a lo largo de la historia construyó palacios y conventos, museos y grandes centros culturales. Se trata de una manifestación popular, de una visita imprescindible para conocer las entrañas de Madrid, para ver cómo late su corazón. El Rastro, este enorme bazar al aire libre, fue creado hace más de doscientos cincuenta años en la Ribera de Curtidores, cerca del antiguo matadero, entonces situado en la Puerta de Toledo. Al arrastrar las reses muertas para llevarlas a las carnicerías, los matarifes dejaban un rastro de sangre por el suelo. Este «rastro» es el que a la postre dio su nombre al mercado que en principio fue bautizado como Baratillo. Desde siempre, las autoridades han intentado acotar y reglamentar las actividades del mercado, pero este parece tener vida propia, al margen de las instituciones, y se ha resistido siempre a cualquier control.

Todos los domingos y festivos, unos 3.500 comerciantes instalan en él sus puestos desmontables para vender todo tipo de objetos, especialmente artículos de segunda mano procedentes de pisos desalojados, tiendas en quiebra o llegados al Rastro por los mil caminos por los que circulan este tipo de mercancías.

Hay quien busca allí un producto determinado, como los numerosos coleccionistas que en él se dan cita rastreando los objetos más insospechados, pero el visitante que más abunda es el paseante sin propósito determinado, aquel cuya única intención es husmear y dejarse sorprender por la vitalidad que refleja el Rastro, la pasmosa diversidad de artículos en venta, la energía en el regateo, la rapidez con la que el vendedor avispado sabe leer en el rostro del posible cliente el interés real que este siente por un objeto y que a la postre determinará su precio.

Uno de los encantos del mercado es que, lo quiera o no, el visitante va a topar con el artículo inesperado. El que va a por libros, vuelve con una lámpara de la década de 1960 que no había visto desde su infancia; el que acude para comprar un mueble a buen precio, saldrá con el mueble… y con aquel sombrero que siempre quiso comprar y nunca se atrevió a hacerlo. Aquel otro descubrirá una colección de vinilos igual, clavada, a la que él reunió en su adolescencia y que por mudanzas o divorcios había perdido de vista.

Dicen que para conocer bien una ciudad es imprescindible visitar sus mercados y cementerios. Para conocer bien Madrid, nada como perderse entre la barahúnda (cien mil visitantes cada festivo) del Rastro, al tiempo feria y cementerio de todas las vanidades madrileñas.

pp. 85-86-87
Como en la viña del Señor, de todo hay en el Rastro, desde paseantes domingueros hasta castizas organilleras y, sobre todo, puestos y más puestos con los productos más insospechados.

El mercado de San Miguel

Nada refleja mejor el talante de una ciudad que la manera en que sus habitantes compran y venden alimentos. Bueno, tal vez la forma en que los cocinan y los degustan…

A partir de las últimas décadas del siglo xx, los revolucionarios mercados construidos con estructuras metálicas que creaban grandes espacios diáfanos entraron en crisis. La competencia de los grandes centros comerciales de las afueras y los supermercados del mismo casco urbano les estaban dejando sin clientela. Renovarse o morir, no había alternativa. Así lo entendieron los comerciantes del mercado de San Miguel, que en 1999 cofinanciaron con el Ayuntamiento de Madrid y fondos de la Unión Europea la completa restauración de su arquitectura para devolverle su esplendor original.

A pesar de aquella iniciativa, la actividad del mercado siguió languideciendo, hasta que se formó una sociedad, El Gastrónomo de San Miguel, que se hizo cargo de él y emprendió una total renovación. Comenzaron definiendo el producto: no se trataba de vender alimentos, sino gastronomía. Después de un largo período de obras destinadas a la reorganización del espacio interior, el mercado volvió a abrir sus puertas en 2009 con un nuevo criterio comercial. Además de vender alimentos, algunas paradas ofrecen la posibilidad de degustarlos antes de comprarlos. También alberga numerosos locales de restauración, altamente especializados, muchos de los cuales están abiertos hasta las dos de la madrugada: bares de exquisitas tapas, una pastelería vienesa, una chocolatería del Horno de San Onofre o varios puestos donde sirven generosas raciones de ostras. Solo se venden allí alimentos de temporada y productos de alta gastronomía, sin que eso signifique forzosamente que todos ellos tengan precios exorbitantes: al lado de los puestos de ostras, el visitante puede encontrar una parada donde venden humildes legumbres, pero atención, todas ellas seleccionadas con un exigente criterio de calidad. Al margen de la venta-degustación, el mercado quiere convertirse en un factor de divulgación gastronómica. Así, además de albergar una librería especializada en temas culinarios y una magnífica tienda de utensilios de cocina, celebra eventos relacionados con la gastronomía, como cursillos y sesiones de catas de vinos o de aceites, clases de cocina, conferencias y presentaciones de libros. Según los responsables del mercado, esto es solo el principio: tienen imaginación, voluntad y energía para revolucionar la gastronomía de la capital y convertirse en referencia europea en este ámbito.

p. 89
Arriba izquierda, detalle de la estructura metálica del techo del mercado; izquierda abajo, el exterior del mercado, totalmente restaurado; derecha, uno de los numerosos bares de degustación de tapas.

pp. 90-91
En el mercado se pueden comprar productos de alta gastronomía o consumirlos in situ en los numerosos espacios habilitados al efecto.

Los comercios de siempre

En paralelo al Madrid de la nobleza cortesana, de los altos funcionarios y de la aristocracia financiera, ha existido siempre un Madrid popular, bullicioso, un Madrid castizo que se mueve por sus tabernas y por estos pintorescos e intemporales comercios que siguen resistiéndose a ser borrados del mapa por las grandes franquicias.

La calle Cava Baja contaba en los siglos XV y XVI con numerosas posadas, muchas de ellas reconvertidas más tarde en tabernas o bares de tapas. En muchos casos han mantenido la decoración original o, como mínimo, han sabido adaptar la nueva a la atmósfera tradicional del barrio. Llaman la atención los abigarrados azulejos de la fachada de La Chata, un pequeño restaurante en el que sirven un cochinillo excepcional. En la misma calle se encuentra la espartería Juan Sánchez, uno de los últimos artesanos de este material que pueden encontrarse en Madrid, en la que también pueden adquirirse barricas de roble, botijos, botas de vino y otros muchos objetos rústicos. Sin salir del Madrid de los Austrias, el paseante curioso visitará la taberna de Antonio Sánchez, fundada por un picador en 1830 y siempre vinculada al mundo del toreo. Conserva la decoración original de la época en que Ignacio Zuloaga la convirtió en sede de sus tertulias. En el barrio de Chueca abre cada día sus puertas la taberna Carmencita, un local en la que su actual propietario ha sabido restaurar la refinada decoración de la época en que Benito Pérez Galdós lo frecuentaba.

Lejos del mundo de la restauración, la Real Botica de la Reina Madre, la más antigua de Madrid, fue inaugurada en 1578. En sus estanterías y en la rebotica reúne una impresionante colección de potes de farmacia, algunos de ellos de la época de los Reyes Católicos, así como un extenso catálogo de tratados antiguos de farmacopea. En una de las calles comerciales más caras de Europa, la calle Preciados, se ubica el Sanatorio de Muñecas, una tienda-taller donde, desde 1916, varias generaciones de artesanos han vendido y reparado todo tipo de juguetes, especialmente muñecas.

También algunas tiendas de alimentación han sabido mantener el espíritu fundacional. Un buen ejemplo de ello es la Jamonería López Pascual, la más antigua de Madrid, fundada en 1919 en el barrio de Malasaña, donde se mima el jamón hasta extremos inverosímiles. Otro ejemplo sería el Horno del Pozo, fundado en 1830 y así llamado por estar ubicado en la céntrica calle homónima.

p. 93
Arriba, Casa Alberto, una tradicional taberna con sabor al viejo Madrid; abajo izquierda, Antigua Casa Crespo, especializada en la fabricación y venta de alpargatas y artículos artesanos de esparto; abajo derecha, escaparate de la tienda de mantillas Gil.

pp. 94-95
Diseño naíf e imaginación desbordante en las enseñas de los comercios del viejo Madrid.

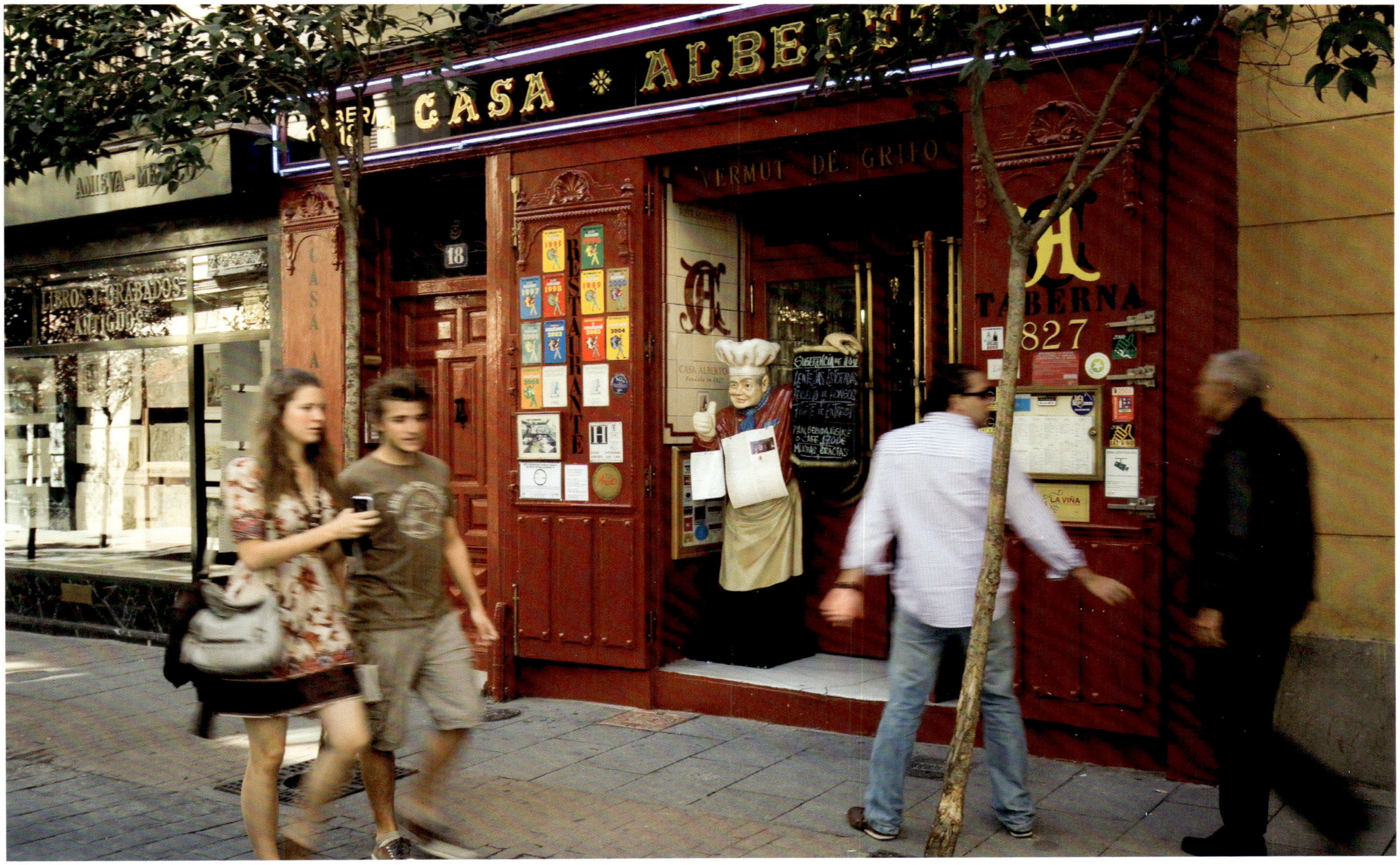
CASA
VERMUT DE GRIFO
TABERNA
RESTAURANTE
LIBROS Y GRABADOS ANTIGUOS
18

MANTILLA
PEINETA
Y BROCHE

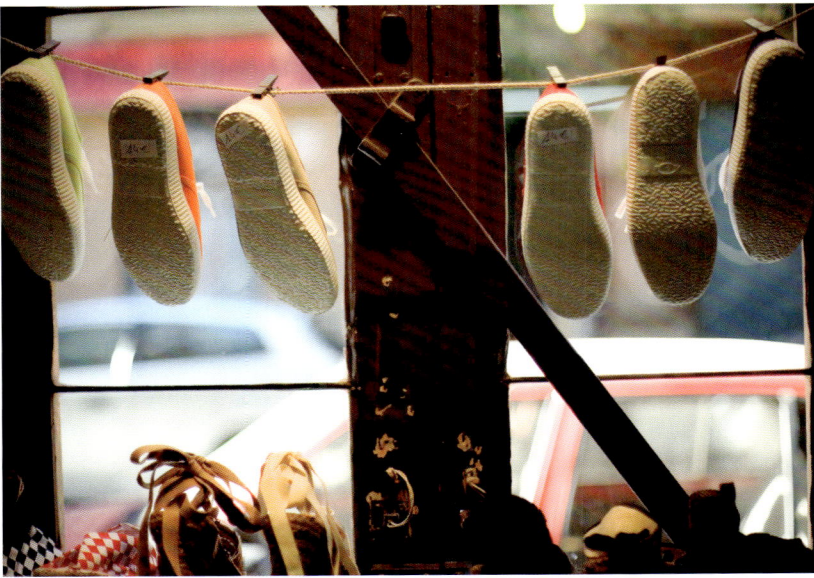

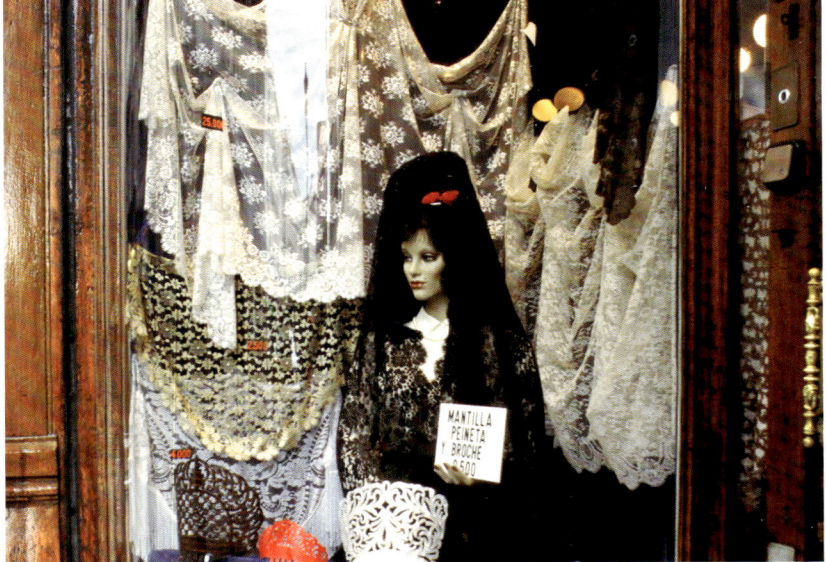

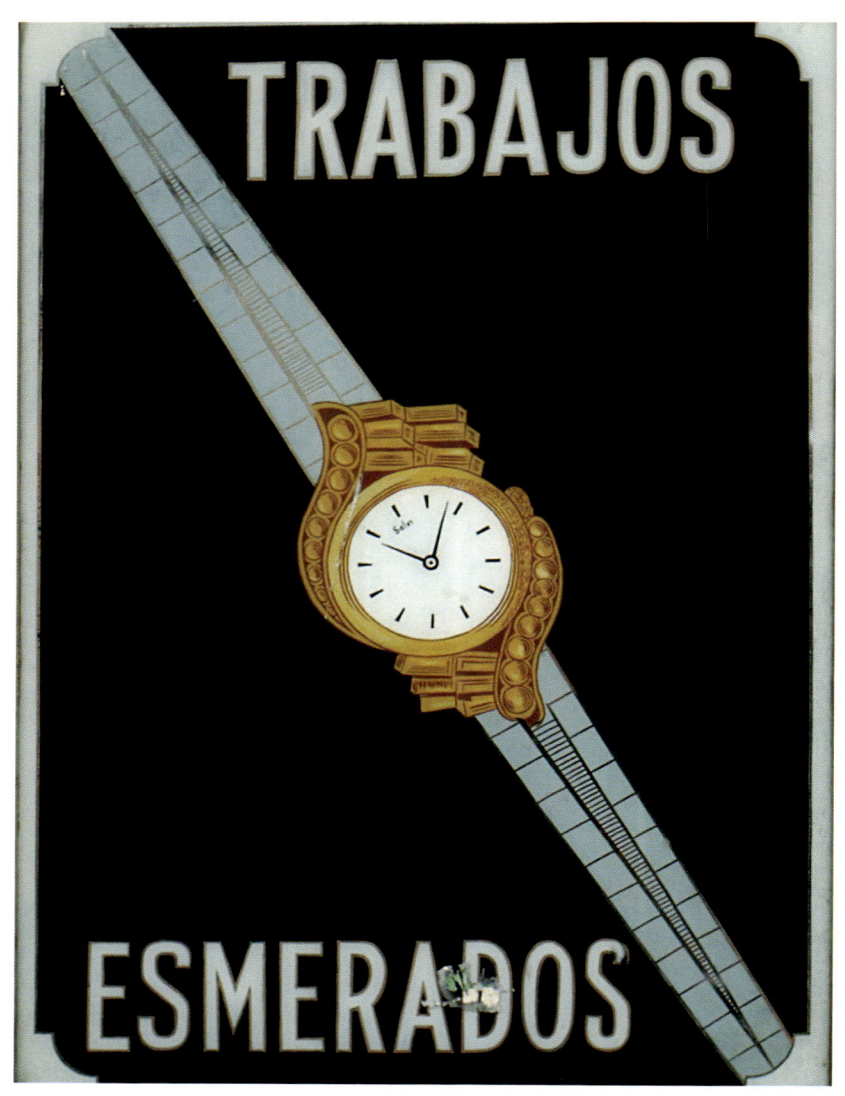

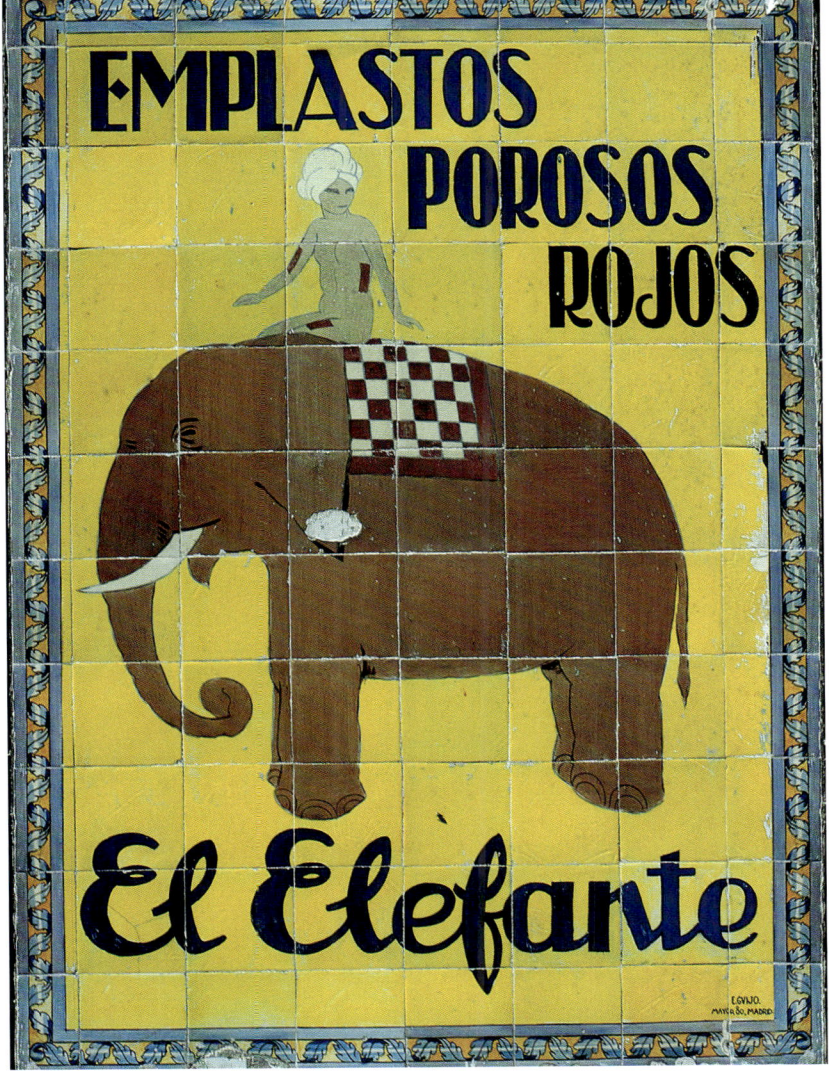

Los cafés

En una época en que hombres y mujeres apenas compartían espacios y actividades, muchos cafés acababan convirtiéndose en el auténtico hogar de muchos varones. Afortunadamente, los tiempos han cambiado, y hombres y mujeres comparten cada vez más cosas; pero por suerte algunos cafés no han cambiado más que en la mayor presencia femenina y han sabido mantener la decoración y aquella atmósfera especial que tan difícil resulta crear. Madrid alberga una serie de locales en los que, como antaño, se puede dejar pasar las horas hojeando un periódico, charlando en amigable tertulia o tomando un café mientras se contempla a la parroquia.

Probablemente el café más famoso de la capital sea el café Gijón. Situado en el Paseo de Recoletos, fue inaugurado en 1888 por un indiano de Asturias que lo bautizó con el nombre de esa ciudad del Principado. Desde el primer momento, el café se hizo con una selecta clientela. Lo frecuentaba la «flor y nata» de la intelectualidad española: escritores como Ramón María del Valle-Inclán, Ramón Gómez de la Serna, Pío Baroja, Benito Pérez Galdós o Jacinto Benavente, científicos como Santiago Ramón y Cajal, Severo Ochoa o Gregorio Marañón. El café fue asimismo el punto de reunión de la irrepetible generación del 27, con figuras de la talla de Federico García Lorca, Salvador Dalí, Luis Buñuel, Gerardo Diego, Rafael Alberti, Manuel Altolaguirre o Vicente Aleixandre. En la actualidad sigue conservando la tradición de congregar alrededor de sus mesas tertulias en las que participan las mejores plumas de nuestras letras, como Arturo Pérez-Reverte, Manuel Vicent o Mario Vargas Llosa.

El Círculo de Bellas Artes alberga también un espléndido café, con altos techos decorados con frescos y sostenidos por elegantes columnas de capiteles dorados. Como el café Gijón, también tiene una clientela de intelectuales, entre la que quizá predominan los artistas plásticos sobre los escritores. En cualquier caso, la política de apertura a la ciudadanía promovida por el Círculo ha diversificado mucho la concurrencia. El local dispone de unas butacas comodísimas –pocas y muy disputadas–, pero las sillas normales son también muy confortables. En verano, instala una pequeña terraza muy agradable rodeada de plantas.

Inaugurado en 1887 en su actual ubicación, en la glorieta de Bilbao, el café Comercial es uno de los más antiguos de Madrid. Fue restaurado a fondo en 1953, si bien se respetó la atmósfera modernista del local, con sus columnas policromadas y sus grandes espejos. Los aficionados al ajedrez se dirigirán directamente al piso superior, donde podrán practicar su deporte, puesto que allí tiene su sede el Club de Ajedrez Café Comercial.

p. 97
Arriba, el café del Círculo de Bellas Artes combina un interiorismo cálido y confortable con el diseño de vanguardia y la presencia de obras de arte; abajo izquierda, el café Delic, especialista en pastelería, en la castiza plaza de la Paja; abajo derecha, la añeja fachada del café El Parnasillo.

pp. 98-99
Diferentes detalles de cafés de la capital: café de Gijón (p. 98 arriba), café del Príncipe (p. 98 abajo), bar La Realidad (p. 99 arriba), La Taurina (p. 99 abajo izquierda) y Museo Chicote (abajo derecha).

Gran Café de Gijón

Restaurante

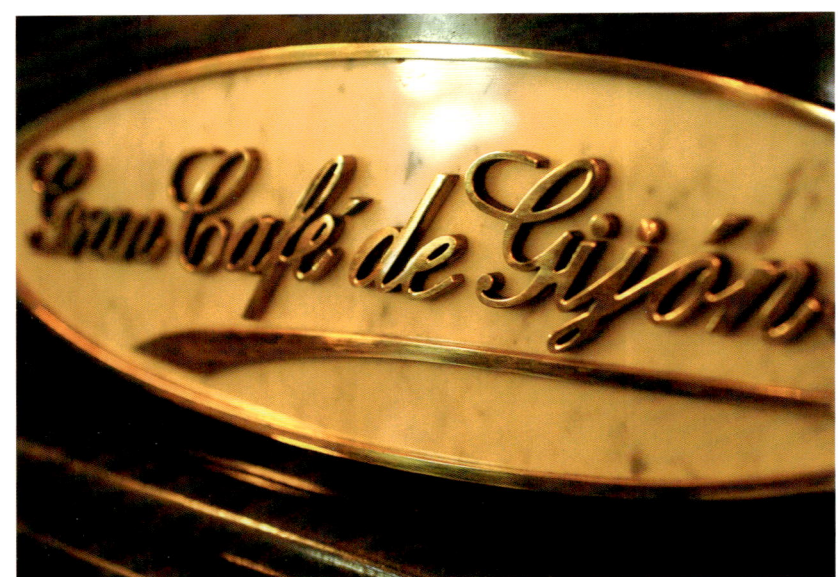

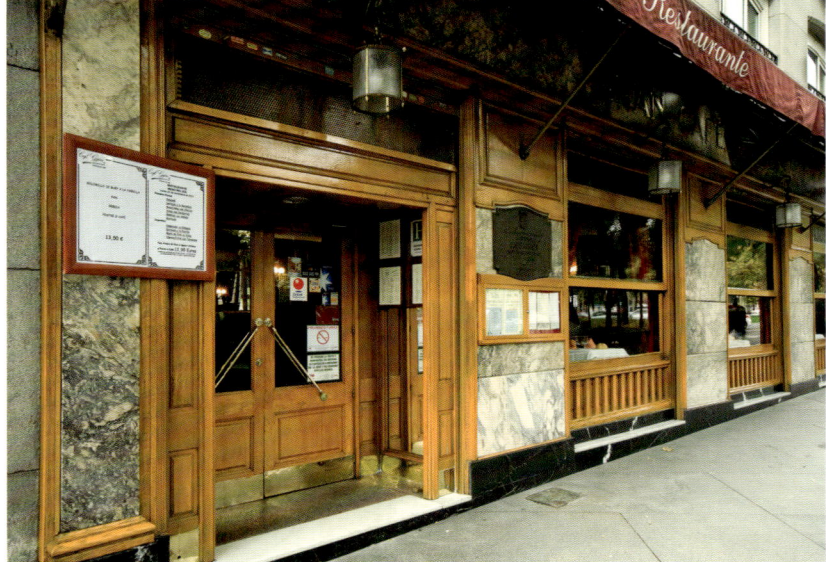

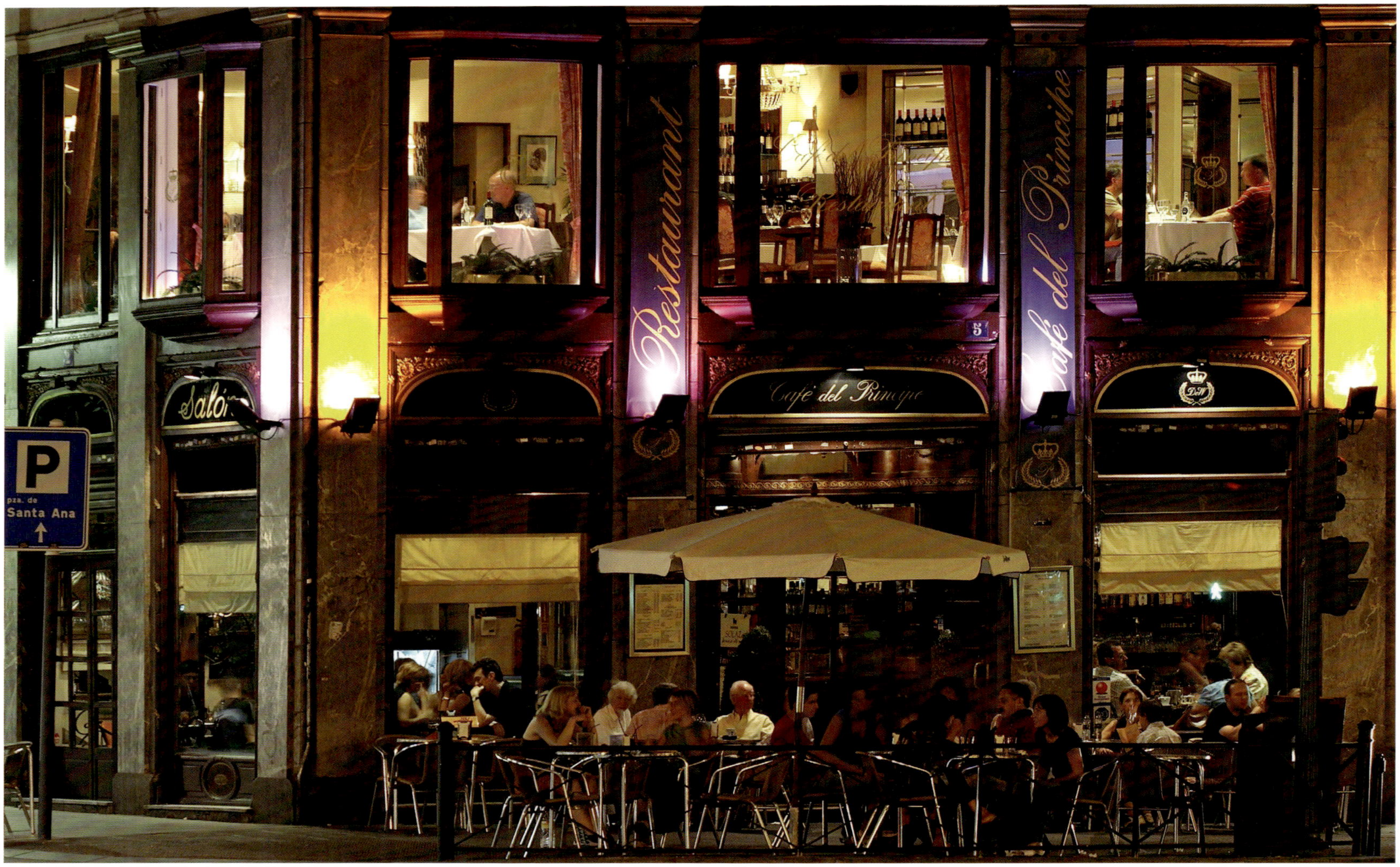
Restaurant
Café del Príncipe
Café del Principe
P
pza. de
Santa Ana

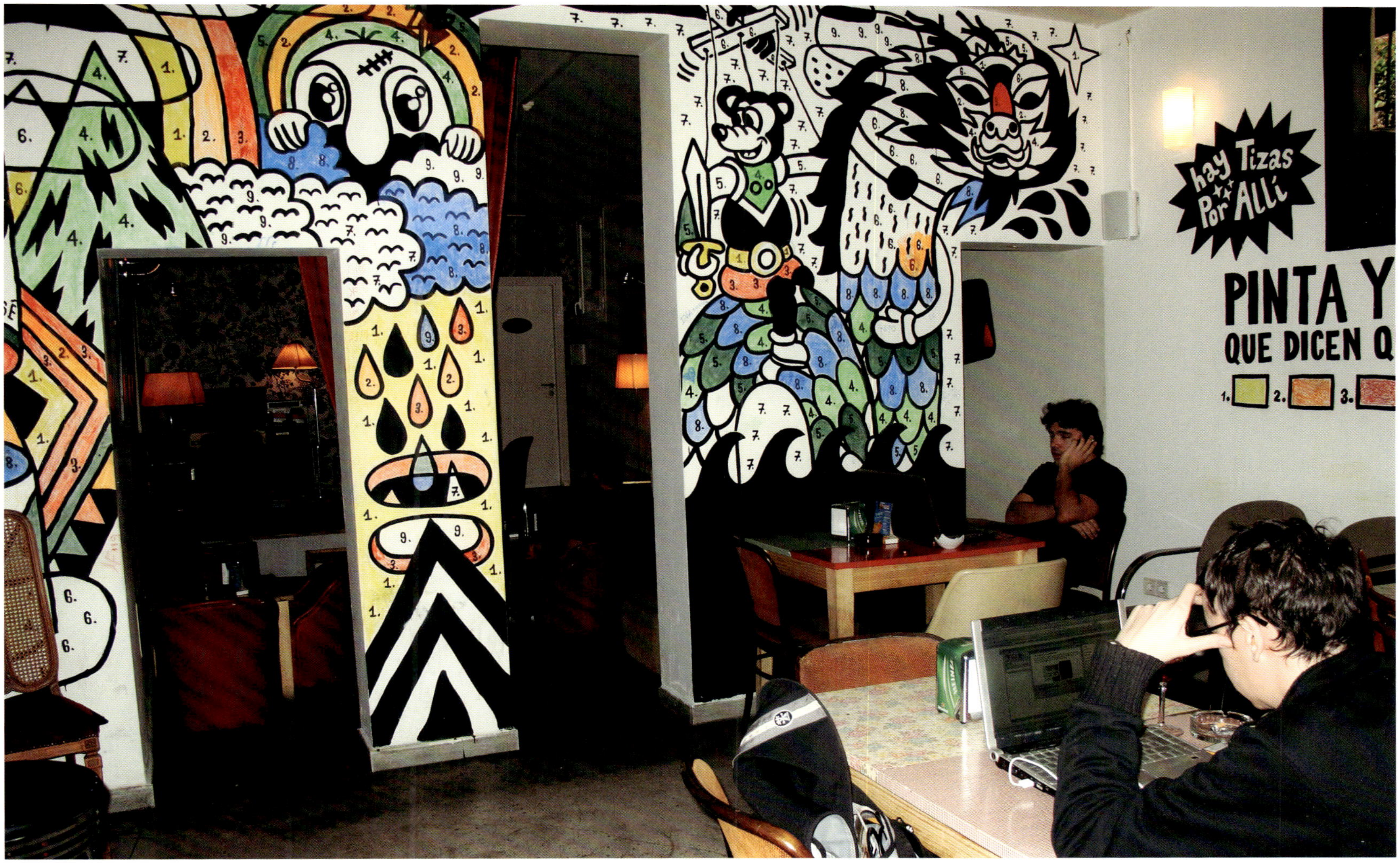
hay Tizas Por Allí
PINTA Y
QUE DICEN Q

HAVANA CLUB
THE KILLS

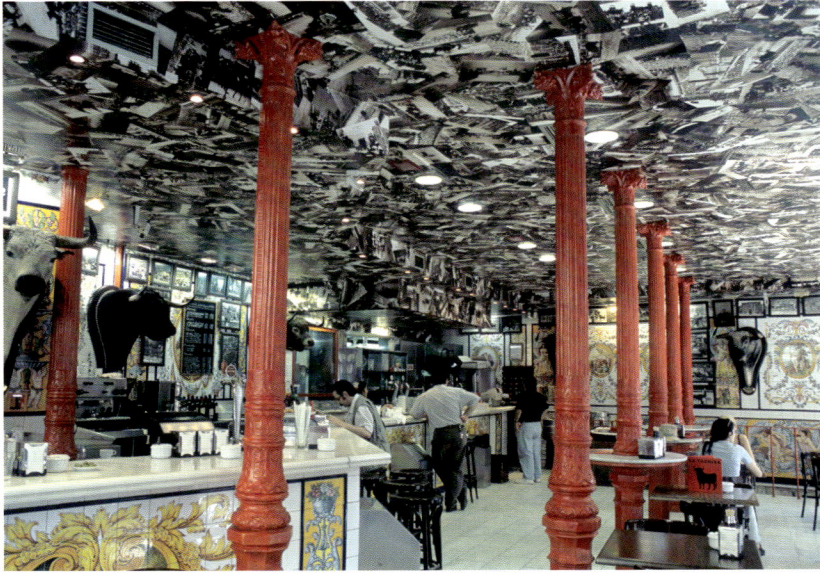

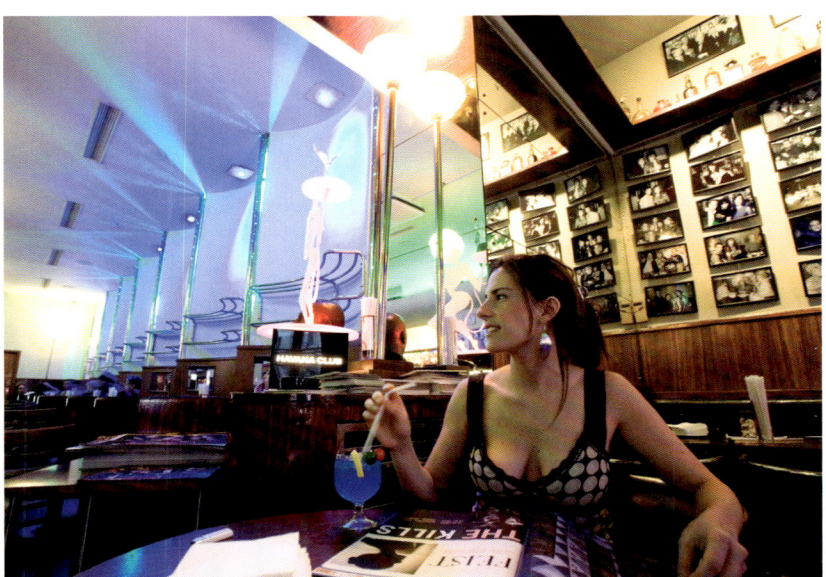

Flamenco y jazz

Madrid es, sin tener mar, el puerto de España al que llega cada día más pescado. A la capital de España le encanta, del mismo modo, convertirse de vez en cuando en la capital mundial del flamenco, con permiso de Sevilla y de tantas otras ciudades españolas que tienen derecho a reclamar este honor. De vez en cuando, el rompeolas de todas las Españas gusta también de encanallarse con la música de Nueva Orleans. El jazz y el flamenco, la copla y el blues, ¿no son acaso distintas vías musicales mediante las cuales los pueblos expresan los mismos sentimientos?

El corral de la Morería, ubicado en la calle homónima, está considerado el mejor tablao del mundo. Nada que ver con los espectáculos para turistas, en el Corral solo actúa la «flor y nata» del flamenco. Vayan unos nombres por delante: el primero, el de su directora artística, la genial bailaora, coreógrafa y empresaria Blanca del Rey, Premio Nacional de Flamenco. El elenco de figuras que por allí han pasado es impresionante: Pastora Imperio, La Chunga, Antonio Gades, Fosforito o María Albaicín. Para que la tentación sea ya irresistible, el restaurante del Corral cuenta con una estrella Michelin.

Desde 1970 funciona en Madrid el café de Chinitas, que tomó su nombre de un tablao de Málaga desaparecido. Lo fundaron un grupo de empresarios madrileños con la inestimable colaboración de la gran bailaora La Chunga. Está instalado en los bajos de un palacio del siglo XVIII y decorado con motivos taurinos y andaluces. También sirven cenas. Han actuado en su escenario figuras como María Albaicín, Carmen Mora, Pastora Imperio y la misma Chunga.

En cuanto a la música que un crítico se atrevió a calificar como «el flamenco de los afroamericanos», es decir, el jazz, Madrid cuenta con una serie de excelentes locales con programaciones de gran calidad. Probablemente el más famoso sea el café Central, en la plaza del Ángel. Se trata de un local inaugurado en 1982 por un grupo de jóvenes aficionados al jazz. Los grupos actúan allí en directo durante una semana, para que todos sus seguidores tengan la oportunidad de verlos. También funciona como restaurante. Por su parte, el Berlín Jazz Café puede presumir de veteranía. Fue fundado en 1971 con una preciosa decoración modernista que fue respetada en la restauración a fondo realizada en 2011. Ofrece cada noche conciertos de jazz y de otros estilos musicales. En cuanto al Populart, el más joven y tal vez el más entusiasta de los locales de jazz aquí mencionados –abrió en 1996–, ofrece sesiones con los mejores *jazzmen* españoles e internacionales.

p. 101
Las sombras de los músicos y sus instrumentos siluetean los *riff* jazzísticos en la pared del Círculo de Bellas Artes.

pp. 102-103
El flamenco y el blues, dos formas de expresión musical salidas de lo más profundo del pueblo, han echado raíces en Madrid.

Parque del Retiro   106

Real Jardín Botánico   110

Parque de la Arganzuela   114

Parque del Oeste   118

Casa de Campo y parque de Atracciones   122

parques y jardines

Parque del Retiro

El parque del Retiro tiene su origen en el palacio y los jardines que se hizo construir Felipe IV en el siglo XVII. A partir de entonces, y hasta que pasó a manos municipales en 1868, casi todos los monarcas dejaron su impronta en el parque. Corresponden así al mencionado Felipe IV el teatro del Buen Retiro, ya desaparecido, el Casón del Buen Retiro y el salón de Reinos, actualmente dependencias del Museo del Prado; a Felipe V, el Parterre; a Carlos III, la Real Fábrica de Porcelana; y a Carlos IV, el Observatorio Astronómico, obra de Juan de Villanueva. En 1808 el palacio y los jardines fueron ocupados –y arrasados– por las tropas francesas, de manera que al comienzo del reinado de Fernando VII el palacio se encontraba en ruinas. Este monarca inició su rehabilitación y promovió una serie de construcciones destinadas al recreo, como la Casa de Fieras, el Real Embarcadero y el Jardín de Caprichos, de las que subsisten la Casita del Pescador o la Montaña Artificial. En 1868 el parque pasó a propiedad del Ayuntamiento y los jardines se abrieron al público. Con motivo de la Exposición de las islas Filipinas, en 1887, se construyó el palacio de Cristal.

Tras franquear la Puerta de España, puerta de entrada al Retiro desde la calle Alfonso XII, se accede al Paseo de la Argentina, conocido como el Paseo de las Estatuas, donde a ambos lados del parterre central se suceden las estatuas de reyes españoles cuya ubicación inicial había de ser el Palacio Real. Uno de los mayores conjuntos escultóricos del parque es el monumento al rey Alfonso XII, formado por una gran columnata que rodea la estatua ecuestre del monarca, obra de Mariano Benlliure. Algunos espacios del parque han sido decorados con fuentes monumentales a lo largo de los siglos. La fuente de la Alcachofa se incorporó al parque con motivo de la construcción del salón del Prado, bajo el reinado de Carlos III. La fuente del Ángel Caído fue instalada en 1885 en el espacio que había ocupado la Fábrica de Porcelana destruida durante la guerra de la Independencia. La dramática figura del ángel, con sus alas desplegadas y tendido sobre las rocas, aparece arrastrada en su caída por una enorme serpiente enroscada a su cuerpo.

Otro espacio de singular belleza en el interior del parque es la Rosaleda, cuyo diseño fue obra de Cecilio Rodríguez, director del departamento de Parques y Jardines de Madrid en 1915. Su construcción se inspiró en las rosaledas tan de moda en aquella época en los parques de las capitales europeas.

p. 107
Arriba, detalle de los jardines a la francesa del parque del Retiro; abajo, monumento a Jacinto Benavente, quien fue galardonado con el Premio Nobel de Literatura en 1922.

pp. 108-109
Palacio de Cristal construido con ocasión de la Exposición de las islas Filipinas de 1887.

Real Jardín Botánico

Bajo el reinado de Carlos III, y como parte de su proyecto de mejora y ensanche de Madrid, se inició la construcción de un nuevo jardín botánico en su ubicación actual, el Paseo del Prado. Entre 1774 y 1781 se encargaron del proyecto el arquitecto Francesco Sabatini y el científico Casimiro Gómez Ortega; pero el diseño definitivo es de Juan de Villanueva, arquitecto de la casa real, quien entre 1785 y 1789 dio forma al jardín: sobre un trazado octogonal, distribuyó el espacio destinado a las distintas áreas temáticas en forma de cuarteles cuadrados.

En el siglo XIX, a pesar de haberse convertido en uno de los jardines botánicos más importantes de Europa, su superficie se vio reducida por la construcción de edificios adyacentes o la ampliación de avenidas. Se remodeló la terraza superior, la denominada Terraza del Plano de la Flor, alterando la trama reticular de Villanueva y colocando en el eje central el estanque y la glorieta. Ya en el siglo XX, se emprendieron nuevas remodelaciones. En 1978 el paisajista Leandro Silva Delgado inició una meticulosa recuperación del trazado original junto al arquitecto Antonio Fernández Alba, quien remodeló el primitivo pabellón de Villanueva. En 2005 se llevó a cabo una última ampliación, con la incorporación de unos 7.000 m^2 que han permitido al arquitecto Pablo Carvajal y al paisajista Fernando Caruncho la construcción del paseo denominado la Terraza de los Laureles.

El Jardín Botánico alberga en la actualidad unas cinco mil especies diferentes de árboles y plantas originarios de todos los rincones del planeta. En la terraza inferior, la Terraza de los Cuadros, se encuentran ubicadas las colecciones de plantas ornamentales, de plantas aromáticas y medicinales, de la huerta, así como la interesante rosaleda. La Terraza de la Escuela Botánica, que mantiene su estructura neoclásica, expone colecciones de las distintas familias botánicas, desde las plantas más primitivas hasta las más evolucionadas. En la Terraza del Plano de la Flor los arriates curvilíneos alternan con plazoletas, las llamadas glorietas de los Tilos, de los Plátanos y de los Castaños de Indias y el estanque de Linneo, en el centro. El conjunto queda enmarcado por elementos arquitectónicos, como el pabellón Villanueva, donde tienen lugar exposiciones temporales, y el invernadero Santiago Castroviejo Bolíbar, que alberga una extensa colección de plantas exóticas. El conjunto se completa con la interesante colección botánica del Herbario, que contiene ejemplares que se remontan al siglo XVIII.

p. 111
Cuatro ejemplares florales del Jardín Botánico.

pp. 112-113
Vista del sector del Jardín Botánico ordenado a la inglesa.

Parque de la Arganzuela

Esta inmensa área verde forma parte de un proyecto de gran envergadura, el parque Madrid Río, cuyo objetivo ha sido convertir el río Manzanares en un elemento de continuidad entre el centro urbano y las zonas verdes periféricas, facilitando al tiempo la accesibilidad e integración de los barrios limítrofes. El primitivo parque fue creado en 1969 sobre unos terrenos destinados al pasto comunal. En sus inmediaciones se hallaba el Matadero Municipal, una construcción que en la actualidad alberga dependencias culturales. El conjunto, con una superficie de 232.700 m^2, está formado por distintos espacios conectados entre sí y equipados con diversas instalaciones. El parque ha sido proyectado como una unidad que a la vez combina, alterna e intercala diversos paisajes naturales compuestos por una gran variedad de ecosistemas, desde el bosque de tipo mediterráneo o atlántico a los frondosos árboles de ribera y las superficies cubiertas de variadas especies de plantas aromáticas. Varios senderos permiten recorrer el parque de norte a sur. El llamado Camino Lento, con una longitud de 2.380 m, discurre por un terreno de topografía irregular y ofrece un recorrido con diferentes perspectivas sobre el río. El Camino Rápido, de trazado más ancho y con suaves pendientes, parte del puente de Toledo y finaliza a la altura de la Plataforma, destinada a usos culturales. Ambos senderos están adaptados a la circulación de bicicletas. Se ha creado una extensa red de pasarelas y puentes que enlazan los distintos espacios en el interior del parque o conectan ambos márgenes del Manzanares. Una de las estructuras de mayor envergadura es la pasarela Arganzuela, diseñada por el arquitecto francés Dominique Perrault. Esta pasarela peatonal está formada por dos piezas cónicas con una estructura en forma de espiral y suelo de madera. Invita a un paseo tranquilo que permite disfrutar de una vista de excepción sobre el puente de Toledo.

El agua constituye un elemento indisociable del conjunto. Diversas fuentes ornamentales proporcionan vistosos juegos de agua que contribuyen a una atmósfera de sosiego y pausado recreo. Ha sido acondicionada además una playa urbana, para recreo de los más jóvenes.

Las distintas áreas, entrelazadas entre sí, han permitido la creación de espacios destinados a las actividades lúdicas y deportivas. El recinto cuenta con una pista de patinaje y una de *skateboard*, un campo para la práctica de fútbol 7 y 11, y tres áreas destinadas a los juegos infantiles.

p. 115
El agua, ya sea fluyendo bajo el puente de Toledo (abajo) o por las canalizaciones artificiales, es el *leit motiv* del parque de la Arganzuela.

pp. 116-117
Pista de *skateboard* en el parque de la Arganzuela.

Parque del Oeste

El primer proyecto de creación del parque del Oeste data de 1893, cuando el alcalde de Madrid era Manuel Mariátegui y Vinyals, conde de San Bernardo, aunque su construcción no se inició hasta unos años más tarde, en 1898, en un perímetro que correspondía al margen norte del arroyo de San Bernardino.

A principios del siglo xx y bajo iniciativa del entonces alcalde Alberto Aguilera, se decidió la ampliación del parque en dirección a la montaña del Príncipe Pío. El diseño fue realizado por Celedonio Rodrigáñez y Vallejo, ingeniero agrónomo y a la sazón director de Jardines y Tierra Cultivada de la Villa de Madrid. Entre 1956 y 1973 el parque se extendió hasta ocupar, en el extremo meridional, los terrenos del Cuartel de la Montaña, un edificio construido en 1860 y que resultó destruido durante la guerra civil.

Adaptándose a la orografía irregular del terreno, la vegetación se extiende por las laderas y colinas sin excesivas constricciones geométricas. Junto a caminos y senderos, el paseante puede contemplar varias especies de abetos, cipreses, olmos, acacias, pinos, madroños, cedros, álamos, castaños, nogales o chopos. El agua resulta un elemento constante en el parque: en la parte más antigua discurre una ría artificial de unos 600 m de longitud.

Estanques y fuentes completan el conjunto. Destacan la fuente de la Salud, una construcción semicircular en piedra de granito de la década de 1940, y la fuente de Juan de Villanueva, erigida en memoria del insigne arquitecto. Otros elementos arquitectónicos y escultóricos, en medio de la naturaleza, completan el recorrido: el templete de música, la escuela de cerámica o la Casa de la Rosa.

En la parte más baja del parque se encuentra la Rosaleda, que cuenta con unas quinientas variedades de rosas y donde se cultivan más de dieciséis mil rosales. Fue diseñada en 1956 por Ramón Ortiz, jardinero mayor de la villa. En el jardín se encuentran varias pérgolas con rosales trepadores, así como estanques con nenúfares y una fuente mural obra de Lucio Oñoro. Cada año, durante el mes de mayo, tienen lugar varios certámenes como el Concurso Internacional de la Rosa Nueva o el Concurso Popular Rosa de Madrid.

En el parque del Cuartel de la Montaña, en 1972, fue reconstruido y abierto al público el templo de Debod, que iba a ser cubierto por las aguas de la gran presa de Asuán, en Egipto. Su visita constituye uno de los mejores momentos del recorrido y desde allí se puede disfrutar de una de las mejores puestas de sol de la capital.

p. 119
Cuatro aspectos del parque del Oeste.

pp. 120-121
Cae la noche sobre el templo egipcio de Debod.

Casa de Campo y parque de Atracciones

En 1561, cuando el rey Felipe II decidió instalar de forma permanente la corte en Madrid, encargó a su secretario la adquisición y expropiación de varias fincas que permitieran la creación de un bosque destinado a reserva cinegética y recreo de la corte. En 1567 se iniciaron las obras en la antigua propiedad de la familia noble de los Vargas, transformándola en una villa de recreo y caza. A partir de este momento se diseñaron los distintos jardines colindantes con el palacete, se construyeron estanques y se repoblaron las zonas menos arboladas. A partir del reinado de Felipe IV, el recinto conoció momentos de cierta decadencia, ya que la corona perdió interés por la Casa de Campo con la creación del palacio y los jardines del Retiro. Con la llegada de los Borbones, la Casa de Campo vivió un nuevo esplendor, pues se amplió con nuevas adquisiciones de terrenos, se remodelaron los jardines para adaptarlos a la moda vigente, se reformó el palacete y se introdujeron nuevos sistemas de canalización para el riego. La invasión francesa durante la guerra de la Independencia ocasionó desperfectos tanto en el palacete como en la zona arbolada, aunque de esta época data la construcción de un pasadizo abovedado que comunicaba el Palacio Real con la Casa de Campo, en la zona donde Fernando VII impulsó la construcción del puente del Rey, cuya función fue unir el casco urbano con los jardines de la Casa de Campo. A lo largo del siglo XIX, el parque siguió manteniendo su condición de espacio de recreo para la casa real e incluso se realizó la construcción de un nuevo lago para poder patinar sobre sus aguas heladas en invierno.

No será hasta la proclamación de la Segunda República, en 1931, cuando el parque pasará a ser propiedad del Ayuntamiento de Madrid y será abierto a todos los ciudadanos. En la actualidad, la Casa de Campo permite el disfrute de la naturaleza en sus bosques de encinas y pinos o de los tranquilos paseos por el lago y cuenta con instalaciones deportivas donde practicar ciclismo, fútbol, tenis, senderismo o natación, entre otras actividades. En 1969 fue inaugurado el parque de Atracciones en el interior de la Casa de Campo. Cuenta con espectaculares atracciones, como las montañas rusas Abismo, la Tarántula o Tornado, así como atracciones de agua como Los Rápidos, Los Fiordos o el Aserradero, popularmente conocido como Los Troncos. Pensadas para el disfrute de los más pequeños, se crearon atracciones como los Caballos del Oeste, la montaña rusa Vagones Locos, el Tren Elevado o Ford T, que realiza un sugestivo recorrido por los cuentos infantiles.

p. 123
Agua y vegetación dan vida a los amplios espacios de la Casa de Campo.

pp. 124-125
Panorámica de Madrid, con el teleférico que sobrevuela la Casa de Campo.

Cuatro Torres Business Area   128

Hoteles de vanguardia   132

Casa de Bambú de Carabanchel   136

El Mirador de Sanchinarro   140

arquitectura de vanguardia

Cuatro Torres Business Area

En la temporada 2005-2006, el Real Madrid abandonaba la ciudad deportiva que tenía junto al estadio Santiago Bernabéu para trasladarse a las nuevas instalaciones de Valdebebas. Se iniciaba así una de las operaciones urbanísticas más importantes de la capital. El Ayuntamiento de Madrid decidió aprovechar la oportunidad para crear un gran complejo de negocios que redujera la concentración de oficinas en el centro antiguo de la ciudad. Pretendía con ello aliviar el denso tráfico de unas calles que no habían sido diseñadas para la circulación rodada.

La Cuatro Torres Business Area (CTBA) se ha convertido en el símbolo del moderno urbanismo madrileño. Se trata de cuatro rascacielos de atrevido diseño y vertiginosa altura –son los más altos de España– y un centro de convenciones, este último todavía en construcción. Cada uno de estos elementos arquitectónicos son proyectos independientes, si bien han sido coordinados para armonizar el conjunto. Así, la verticalidad de los rascacielos contrasta con la arquitectura horizontal del entorno, incluido el centro de convenciones que se extiende a sus pies.

La Torre Caja Madrid, de 250 m de altura, fue diseñada por el arquitecto británico Norman Foster. Su estructura de carga se compone de dos elementos laterales y un tirante horizontal en lo alto que los mantiene unidos. Este marco sostiene tres módulos de once, doce y once pisos respectivamente, que sobresalen en la fachada y en la parte trasera, como grandes volúmenes cúbicos en una estantería demasiado estrecha.

La Torre de Cristal, que roza los 250 m, es un proyecto de los arquitectos argentinos Íñigo Ortiz, Enrique León y César Pelli. De sus 52 plantas, 47 están destinadas a oficinas y 5 al funcionamiento del edificio (instalaciones de aire acondicionado, calefacción...). Esta torre, de planta cuadrada a ras de suelo, rompe este esquema creando nuevos ángulos y fachadas inclinadas a medida que gana en altura. En su azotea se ha plantado un hermoso jardín botánico.

La Torre Sacyr-Vallehermoso fue diseñada por el estudio madrileño Rubio & Álvarez-Sala. Se trata de una torre cilíndrica de 236 m de altura, de uso mixto: de sus 52 plantas, 33 están ocupadas por un hotel de cinco estrellas, el Eurostars Madrid Tower, el mayor de la capital, con 474 habitaciones.

La Torre Espacio, de 223 m y 57 plantas, es un proyecto del estudio neoyorquino Pei, Cobb Freed & Partners. Es un edificio de un vanguardismo deslumbrante: su planta, cuadrada a ras de suelo, va trazando unas curvas que hacen que su azotea tenga la forma de un melón con los extremos apuntados.

p. 129
Arriba, vista panorámica de las estilizadas torres; abajo, detalles geométricos de las mismas.

pp. 130-131
La construcción de rascacielos ha modificado el *skyline* de la capital en las últimas décadas.

Hoteles de vanguardia

Como las grandes corporaciones o los ayuntamientos, las cadenas de hoteles han descubierto que encargar el diseño de sus edificios a arquitectos prestigiosos contribuye a promocionar su imagen de marca. Así lo han entendido dos cadenas, Silken y Room Mate, con hoteles en Madrid en los que la arquitectura y el estudiado diseño interior representan un valor añadido a la calidad de los servicios prestados y al confort de sus instalaciones.

Las grandes obras vanguardistas suelen ser obras colectivas, cierto, pero por lo general existe siempre un arquitecto o un estudio de arquitectos que se responsabilizan del proyecto de forma individual. El hotel Silken en Puerta de América ha querido convertirse en la excepción a la regla. Frente al vedetismo de las «grandes marcas» de la arquitectura, la administración de la cadena se propuso hacer una obra realmente colectiva. Así, después de diseñar la estructura más elemental del hotel, se seleccionó a una serie de arquitectos y diseñadores cuyo único punto en común era la genialidad. A cada uno se le encargó la realización de una planta con total libertad. De este modo, las doce plantas del hotel han sido diseñadas por auténticas «vacas sagradas» de la arquitectura actual, como Jean Nouvel, Zaha Hadid, Norman Foster o Arata Isozaki, y monstruos del diseño como Javier Mariscal o Victorio & Lucchino. La variedad de materiales, de colores, de formas, de maneras de concebir la estancia en un hotel han convertido este establecimiento en una visita obligatoria y recurrente para los amantes del diseño.

Por su parte, la cadena Room Mate gusta de individualizar sus establecimientos dándoles nombres de personas. En Madrid, el Room Mate Óscar, situado en la plaza Vázquez de Mella, ocupa un edificio de la década de 1970 totalmente rediseñado por el genial interiorista Tomás Alía. Un modernísimo vestíbulo recibe al visitante, que se verá sorprendido por las formas redondeadas y las tonalidades pastel y eléctrico que, en acertada combinación con el blanco y el negro, tiñen de un color diferente cada una de las plantas. La decoración viene definida por las mismas formas del mobiliario, por un acertado tratamiento de la luz y por una sucesión, insólita en un interior, de grafitos, imágenes de gran formato y figuras *op art*. En la primera planta, un espacio multifuncional (cafetería, restaurante y bar de copas) compensa sus reducidas dimensiones con un amplio ventanal. En la octava planta rematan el edificio una fantástica piscina y un *lounge* con el suelo en damero blanco y negro.

p. 133
Luz y geometría del espacio, genialidades de los diseñadores de los modernos hoteles de la capital.

pp. 134-135
Los llamativos colores de la fachada del hotel Silken, obra del arquitecto francés Jean Nouvel, dan la bienvenida a los viajeros procedentes del aeropuerto.

Casa de Bambú de Carabanchel

En agosto de 2007 el alcalde de Madrid, Alberto Ruiz-Gallardón, inauguró en el barrio de Carabanchel, junto al aeródromo de Cuatro Vientos, un extraño edificio de viviendas protegidas. Se trata de un edificio absolutamente cúbico, sin concesión alguna a la línea curva. Todas sus fachadas están cubiertas con una piel de láminas de bambú que le dan un insólito tono dorado en este barrio de casas de ladrillo visto. Para aligerar visualmente este macizo edificio cúbico, la piel de bambú no llega a tocar el suelo, perfilando así un volumen en cierto modo flotante.

No hay en el edificio trazas de ventanas, ni más oberturas que las de las contraventanas articuladas cuando las abren los vecinos, creando una desordenada geometría de agujeros negros en la uniformidad de las fachadas. Detrás de la pared de bambú hay una cámara de aire (balcón o terraza) que aísla las viviendas del frío, del calor y del ruido de la calle. El diseño del edificio, un proyecto del estudio de arquitectura FOA, integrado por Alejandro Zaera y Farshid Moussavi, se definió siguiendo dos criterios. El primero, de tipo presupuestario, dada la condición de viviendas protegidas, determinó la austeridad de las zonas comunes, minimalistas por fuerza, y el empleo de materiales de poco coste y larga duración; el segundo criterio fue el de la sostenibilidad ecológica y el ahorro energético. Así, todos los pisos tienen salida a las fachadas delanteras y traseras para proporcionar en verano una correcta ventilación con el consiguiente ahorro en la climatización. Las paredes del aparcamiento subterráneo, siguiendo la misma inspiración ecologista, son vegetales y constituyen un refrescante jardín vertical. El edificio de viviendas no llega a ocupar ni el 40 por ciento de la superficie de la parcela: el resto está destinado a zona verde, espacios de juegos y jardín urbano.

No obstante, hay quien cuestiona la viabilidad de este edificio. Nadie sabe a ciencia cierta cuánto tiempo pueden durar las contraventanas de bambú que dan nombre y carácter a la construcción, y menos todavía en un clima tan extremo como el de la Meseta, con inviernos muy fríos y veranos tórridos. La atmósfera de Madrid, contaminada por los gases emitidos por los vehículos con motor de explosión, constituye un nuevo elemento agresivo. Por último, la uniformidad de la piel de bambú supone una tentación casi irresistible para los numerosos grafiteros que pululan por la noche madrileña.

p. 137
La apertura de los paneles de bambú rompe la monotonía de las fachadas del edificio.

pp. 138-139
La nitidez de líneas del edificio, resaltadas por la verticalidad del bambú, dibujan una depurada composición geométrica.

El Mirador de Sanchinarro

Sanchinarro es un barrio del distrito de Hortaleza, en el norte de Madrid, creado a comienzos del siglo XXI por el Programa de Actuación Urbanística del Ayuntamiento de la capital. Allí se alza, dominando una rotonda, el edificio de viviendas Mirador, una construcción de estilo posmoderno, de 63,4 m de altura y veintiuna plantas. Fue diseñado por MVRDV, un estudio de arquitectura neerlandés que contó para el proyecto con la colaboración de la arquitecta madrileña Blanca Lleó. El Mirador está compuesto por nueve bloques organizados alrededor de un gran hueco apaisado que enmarca una hermosa perspectiva de la Sierra. Cada uno de los bloques tiene su propio diseño, por lo que el edificio cuenta con 165 viviendas de nueve modelos distintos. Estos bloques pueden distinguirse desde el exterior por los diferentes colores y texturas de los materiales que los recubre (granito, azulejos, etc.), así como por la distribución de los volúmenes, como grandes cajas que sobresalen o se retraen, enmarcadas por las zonas de comunicación pintadas de un color naranja muy vistoso. De hecho, el Mirador pretende ser como la manzana de casas de un ensanche urbano colocada verticalmente. Cada uno de los bloques constituiría así una casa con sus viviendas, mientras que las zonas de comunicación serían las calles por las que circulan los vecinos. El hueco, situado en la planta 12, tiene una altura de 13 m y una superficie de 580 m, y dispone de un jardín de uso comunitario, que vendría a ser como la zona verde de la manzana de casas, con excelentes vistas sobre la Sierra. La construcción en altura ha permitido además liberar una considerable porción de terreno para uso público.

El Mirador tiene un valor añadido: se encuentra en un barrio de construcción reciente, en el que todos los bloques tienen la misma altura (seis plantas), están construidos con los mismos materiales (ladrillo visto) y urbanísticamente ordenados de la misma manera (en manzanas cerradas). Ello constituye un paisaje urbano monótono en el que la singularidad de este original edificio brilla con más luz todavía.

No obstante, el Mirador ha levantado polémica, y no solo por su estética, un asunto más o menos opinable. Algunos vecinos se quejan de serias deficiencias en las instalaciones de calefacción, así como de filtraciones, grietas e incluso la caída de alguna placa de pizarra de la fachada, unos errores atribuibles tal vez a los profesionales que intervinieron en la construcción y no al brillante proyecto de los arquitectos.

p. 141
Los nueve volúmenes que componen el edificio se distinguen por los distintos colores y materiales empleados.

pp. 142-143
Los diferentes bloques de viviendas se organizan alrededor del vacío central del edificio.

La verbena de la Paloma   146

Fiesta de San Isidro   150

fiestas y festivales

La verbena de la Paloma

Inmortalizada en la zarzuela homónima, la verbena de la Paloma se celebra cada año a mediados de agosto en el barrio de La Latina. Corría 1790 cuando Isabel Tintero, una vecina de la calle de La Paloma, vio a unos niños que jugaban con un lienzo que representaba a la Virgen. Isabel se hizo con el cuadro y lo colgó en la entrada de su casa. Sus vecinos se acostumbraron a acercarse allí para dirigir sus oraciones a la Virgen y pronto comenzaron a aparecer velas y lamparillas votivas, y se estableció la costumbre de que las madres del barrio acudieran allí a presentar a sus hijos recién nacidos.

Con el tiempo, se construyó una capilla para venerar la imagen, pero era tan grande la devoción que le tenían los madrileños, que pronto hubo que construir un nuevo templo más amplio. Así, en 1912, el rey Alfonso XIII inauguraba la iglesia de San Pedro el Real, construida para custodiar la imagen de la Virgen. De allí, cada 15 de agosto, la descuelgan los bomberos de Madrid –de los que es patrona– para sacarla en solemne procesión y allí la vuelven a depositar al final de la misma.

Durante la semana anterior a la festividad, se celebran en el barrio una serie de festejos marcados por el casticismo madrileño. Así, muchos hombres se disfrazan de chulapos y muchas mujeres de majas para participar en los concursos de trajes castizos –los hay también infantiles– o simplemente para pasear al ritmo del organillo por las casetas instaladas entre la Gran Vía de San Francisco y la Carrera de San Francisco. Se organizan en las calles bailes castizos, en los que predominan el chotis y el pasodoble, o bailes al ritmo de orquestas más convencionales o de la discoteca móvil. Se representan obras de teatro costumbrista a cargo de agrupaciones de aficionados del barrio, se organizan concursos de piropos castizos y de tortilla de patatas –que todo el mundo se toma muy en serio–, conciertos de música castiza, charangas, espectáculos teatrales en la calle y cenas de hermandad. A pesar de que Madrid cuenta con un santo patrono, san Isidro, que goza también de su semana de fiestas, sin duda la Virgen de la Paloma es la que más cariño despierta entre el pueblo madrileño. La verbena de la Paloma, después de disfrutar de gran predicamento durante el siglo XIX, comenzó una lenta decadencia durante el siglo XX, hasta que en la década de 1980, dentro del movimiento de recuperación de tradiciones populares madrileñas, volvió a gozar de una popularidad que no ha perdido un ápice en este inicio de siglo XXI.

p. 147
Arriba izquierda, los romeros desfilan frente a la Virgen de la Paloma; arriba derecha, chulapo y chulapas durante las fiestas de la Paloma; abajo, representación de una madrileñísima zarzuela.

pp. 148-149
Los vecinos engalanan sus balcones con mantones de Manila con motivo de la verbena de la Paloma.

Fiesta de San Isidro

En el mes de mayo se celebran en Madrid las fiestas de San Isidro Labrador. Tradicionalmente, la celebración consistía –y sigue consistiendo– en una merienda en la pradera de San Isidro, junto a la ermita homónima –reunión festiva que fue inmortalizada por Francisco de Goya en el famoso cuadro *La pradera de San Isidro*–, con profusión de especialidades gastronómicas típicamente madrileñas, como la fritura de gallinejas, los entresijos, bocadillos de calamares, encurtidos, rosquillas tontas y rosquillas listas, empanadas, tortilla de patatas, churros, un cocido madrileño gigante y vino, mucho vino, sobre todo vino. Los buenos madrileños, no obstante, se acercan a beber también agua en la fuente de la ermita, pues el santo, además de labrador, era también zahorí. Los chulapos y las majas bailan chotis al son de los organillos y los niños disfrutan de las atracciones de feria allí instaladas.

Dicen los madrileños con socarronería que las fiestas de San Isidro comienzan de hecho cuando Manuel Vicent publica su artículo antitaurino en el diario *El País*. En efecto, la feria taurina es uno de los grandes acontecimientos de las fiestas isidrenses y también una de las más importantes del mundo del toro, junto con la Feria de Sevilla y la de Pedro Romero de Ronda. La consagración –y el sueño– de cualquier matador es salir a hombros por la puerta grande de la plaza de toros de Las Ventas.

En la actualidad las celebraciones duran casi una semana y se reparten por toda la ciudad. Cada barrio celebra su verbena, pero el Ayuntamiento organiza numerosos acontecimientos para todos los madrileños. Así, hay baile en los Jardines de Sabatini al son de las mejores bandas sonoras de los grandes musicales americanos, semanas gastronómicas y bailes típicos a cargo de las casas regionales con sede en Madrid, actos deportivos, como regatas en el río Manzanares, pasacalles con gigantes y cabezudos, conciertos de rock en las instalaciones deportivas de la Universidad Complutense, numerosas actividades infantiles, espectáculos circenses por las calles de Lavapiés y castillos de fuegos en el Manzanares. No podían faltar las celebraciones religiosas, con solemne misa en la colegiata de San Isidro, presidida por el arzobispo de Madrid y cantada por la Coral Polifónica de la Colegiata, y una procesión con imágenes de san Isidro y de su esposa, santa María de la Cabeza.

En esta época globalizada, parece como si el rompeolas de todas las Españas hubiera decidido, sin renunciar un ápice a su vocación cosmopolita, vivir alborozada e intensamente sus fiestas tradicionales.

p. 151
Izquierda, una pareja de chulapos a punto de bailar un chotis; derecha arriba, una muchacha prende un clavel reventón en el pelo de una amiga; derecha abajo, un puesto de churros en la pradera de San Isidro.

pp. 152-153
Comer y reír, chulapos y chulapas, la receta infalible de la fiesta popular de San Isidro.

Cocina popular 156

Cocina creativa 160

gastronomía

Cocina popular

Madrid, una ciudad en la que el mundo de los negocios y la política ha potenciado la aparición de grandes restaurantes de lujo y de cocina creativa, no ha querido renunciar por ello a sus locales y sus especialidades populares. Alguien ha definido la cocina popular como aquella que optimiza los recursos disponibles y ha hallado la forma perfecta de cocinarlos gracias a la experiencia acumulada por las generaciones.

Cada región española tiene su cocido. En Cataluña es la escudella, en Galicia es el pote, en León tienen el cocido leonés o el cocido maragato. En Madrid, el cocido no tiene apellido, es simplemente «el cocido»; una feliz combinación de carnes grasas, de legumbres y de verduras, que componen un plato barato, nutritivo y sabroso, que permite hacer un ágape completo con una única preparación. Hay muchos restaurantes en Madrid donde poder probarlo, desde los mesones que rodean la Plaza Mayor, a los famosos La Daniela, Casa Lucio o el majestuoso Lhardy, con su espléndida decoración del siglo xix.

Otra característica de la cocina popular es el aprovechamiento de las partes menos nobles del animal, la casquería. Los callos a la madrileña son famosos en toda España, hasta el punto de que han desplazado en los restaurantes de muchas regiones la forma autóctona de condimentarlos. Las tripas de ternera, y la oreja o la pata de cerdo ponen la melosidad; el chorizo, la morcilla y los tacos de jamón le aportan su contundente sabor; los garbanzos se impregnan de todos estos sabores. Relegados al principio a los fogones más humildes, pronto los grandes restaurantes, como Lhardy, se atrevieron a servirlos en sus refinados comedores.

Otra casquería, y esta solo se puede encontrar en Madrid, son las gallinejas, una fritura de intestino, mollejita –el botón– y mesenterio de cordero, que se sirve con otros productos de casquería como los chicharrones, los canutos y las mollejas blancas. Todos estos ingredientes tienen puntos de cocción diferentes, por lo que han de ponerse en la sartén en un orden muy riguroso para que estén correctamente fritos.

No puede cerrarse el tema de la cocina popular madrileña sin mencionar la costumbre del tapeo, común a toda España, pero especialmente popular en la capital, sobre todo en el Madrid de los Austrias y en la calle Cava Baja. Otra especialidad que sorprende a los forasteros es el típico bocadillo de calamares que sirven las tabernas alrededor de la Plaza Mayor. Y para acabar una noche loca, los madrileños se desayunan con unos magníficos churros con chocolate, que dan aplomo a sus estómagos algo castigados por los excesos nocturnos.

p. 157
En la capital confluyen las tradiciones gastronómicas de toda España; izquierda, de arriba abajo; compota de frutas de invierno, pollo al chilindrón, cocochas de merluza a la donostiarra; derecha, los sabrosos ingredientes del contundente cocido madrileño.

p. 158
Pollo de caserío asado a la vasca.

p. 159
Menestra de verduras navarras.

Cocina creativa

Existe un decálogo acerca de la *nouvelle cuisine* formulado por los geniales hermanos Troigros que, como todos los decálogos, podría resumirse en unos pocos axiomas: utilizar productos frescos de calidad, potenciar el sabor de los ingredientes en lugar de maquillarlos con salsas pesadas y atreverse a mezclar sabores y texturas para crear nuevas experiencias gastronómicas.

Madrid ha sido tradicionalmente el crisol en que han catalizado todas las cocinas regionales. Los primeros restaurantes *nouvelle cuisine* o de autor, o creativos, aparecieron en el País Vasco y en Cataluña, pero muy pronto abrieron en la capital una serie de locales creados por discípulos de los grandes maestros.

En el restaurante El Chaflán, situado en el barrio de Chamartín, el joven chef Juan Pablo Felipe, Premio Nacional de Gastronomía 2001, se ha convertido en un clásico de la gastronomía creativa. Partiendo de su formación como cocinero en Cádiz, ha sabido hermanar la luminosidad de la cocina andaluza con la suntuosidad de la gastronomía vasca, personalizando sus platos con los consejos de Ferran Adrià, su amigo y mentor. Así, sus especialidades, como el atún rojo de almadraba al pilpil, sus lentejas estofadas con espuma de Idiazábal o su surtido de arroces y *rissottos* le han valido una estrella Michelin y dos soles Campsa.

Sergi Arola, discípulo de Ferran Adrià y de Pierre Gagnaire, entre otros muchos maestros de los fogones, decidió dar rienda suelta a su imaginación gastronómica en el restaurante Sergi Arola Gastro donde, en colaboración con su esposa Sara Fort, aplica su principio de cocinar «platos momentáneamente insuperables» que son pronto sustituidos por otros no menos excelsos según los productos del mercado. Sus menús degustación son un auténtico concierto gastronómico, una alegre sorpresa para los sentidos que le han valido, entre otros muchos premios, dos estrellas en la guía Michelin.

El restaurante Citra es el lugar en que oficia el jovencísimo chef Elías Murciano. Formado en el Culinary Art Institute de Florida, Murciano ha trabajado a las órdenes de Martín Berasategui, a quien considera su maestro y referente. Se han hecho famosas en los círculos *gourmets* de Madrid sus imaginativas creaciones, con audaces y sabias combinaciones de sabores y texturas, como los de sus vieiras en capuchino con *boletus* glaseados y endivias, su sorprendente pichón asado con ñoquis de Idiazábal al jugo de rúcula o su *soufflé* de chocolate con helado de caramelo. La mejor opción: su extenso menú degustación.

p. 161
Arriba, de izquierda a derecha: una interpretación creativa de la merluza a la gallega; canetón confitado con peras y granadas, de Sergi Arola y Diego Ferrer; ensalada tibia de verduras con foie-gras, de André Madrigal. Centro, de izquierda a derecha: espárragos con mollejas y vinagreta de truca, de Javier e Iñaki Oyarbide; una merluza en salsa verde tradicional en una reinterpretación innovadora. *Charlota* de tomate *raff* con langosta y vinagreta de zanahorias tiernas, de Salvador Gallego; abajo, de izquierda a derecha, melocotones asados al vino tinto, becada sobre pan de especias, de André Madrigal y todo un clásico: mejillones en escabeche.

pp. 162-163
El tapeo es una costumbre fuertemente arraigada en la capital.

Parque Natural de la Cumbre, Circo y Lagunas de Peñalara   166

Parque Regional de los Ríos Manzanares y Jarama   170

Hayedo de Montejo de la Sierra   174

paisajes

Parque Natural de la Cumbre, Circo y Lagunas de Peñalara

La zona protegida de Peñalara comprende el territorio situado entre las cotas de los 1.640 y 2.428 m de altitud de la sierra de Guadarrama, en el término municipal de Rascafría. Se trata de un ecosistema de alta montaña de rica diversidad biológica y en un marco paisajístico de gran belleza. La orografía de la zona viene determinada por la actividad de los glaciares que allí había en el Cuaternario y que, al retirarse, dejaron la zona despejada. Así, en las hoyas, que corresponden a las zonas cubiertas antiguamente por la lengua de hielo, se formaron turberas, mientras que los torrentes rompieron las barreras morrénicas formando auténticos cursos de agua. En los antiguos circos glaciares, las piedras acumuladas fueron quebrándose por gelifracción, generando canchales. En el mayor de estos circos fue donde se formó la laguna Grande, al colmarse la cubeta por el agua de lluvia y de los riachuelos que en ella vierten sus aguas.

La pronunciada gradiente de las laderas ha determinado unos pisos de vegetación extraordinariamente variados. Así, en las zonas más bajas, hasta los 1.500 m de altitud, crecen bosques de pinos comunes, de fresnos y de brezos; entre los 1.500 y los 2.000 m la vegetación ralea: dominan los matorrales, como el enebro y el piorno, con algún bosquecillo de pino albar; por último, por encima de los 2.000 m solo crecen los pastizales de alta montaña y algún matorral.

Hasta 1998 estaba en funcionamiento la estación de esquí de Valcotos; en esta fecha, las autoridades decidieron desmantelar estas instalaciones, retiraron los pilones de hormigón de los remontes, que alteraban la orografía de la montaña, y acto seguido se reparó el relieve y se replantó vegetación autóctona.

En la actualidad, las únicas actividades deportivas que se realizan allí son el alpinismo y el senderismo. Resulta especialmente espectacular, en invierno, contemplar a los escaladores ascendiendo por los tubos de hielo que hay entre la laguna y la cima de Peñalara. En cuanto al senderismo, existen numerosas rutas balizadas que permiten practicarlo sin peligro de perderse. Una de las más populares es la que desde el puerto de Cotos asciende a la cumbre de Peñalara, pasando por la antigua pista de esquí y por las cumbres de Dos Hermanas, tras lo cual, durante el descenso, pueden visitarse las lagunas de los Pájaros y de Peñalara.

p. 167
Arriba, bosques de coníferas, un paisaje de alta montaña, en el puerto de Cotos; abajo, la laguna de los Pájaros, también en el Parque Natural de Peñalara.

pp. 168-169
El cerro de Valdemartín y la cima de la Bola del Mundo, vistos desde el macizo de Peñalara.

Parque Regional de los Ríos Manzanares y Jarama

A pesar de la intensa presión urbanística que impone la proximidad de la capital, la Comunidad de Madrid conserva todavía extensas áreas naturales para solaz de aquellos urbanitas estresados. El Parque Regional de los Ríos Manzanares y Jarama, llamado parque del Sureste por los madrileños, abarca un área de 31.552 hectáreas situada en los valles de los ríos Jarama y su afluente Manzanares. Ocupa partes de los términos municipales de Ciempozuelos, Titulcia, Velilla de San Antonio, Coslada, Torrejón de Ardoz, Arganda del Rey, San Fernando de Henares, Rivas Vaciamadrid, Pinto, Valdemoro, Mejorada del Campo, Getafe, Chinchón, Aranjuez y San Martín de la Vega.

El parque alberga un ecosistema húmedo de ribera, con los típicos sotos y numerosos humedales y lagunas, muchas de ellas consecuencia de la extracción de áridos. Además de esta zona de ribera, ocupan también el parque ricas llanuras cerealistas y cantiles de yeso, cuya extracción supone una importante fuente de ingresos para la comarca. En el parque pueden distinguirse tres ecosistemas diferentes. Por una parte, en las zonas húmedas, es decir, las riberas, las lagunas y los humedales, crecen bosques de ribera, cañizales y carrizos, en los que anida una gran variedad de aves acuáticas, ya sean residentes o hibernantes: ánades reales, cigüeñas y cigüeñuelas, garcillas, fochas, cormoranes negros, martines pescadores o martinetes, que se alimentan de carpas, percas, barbos y truchas. Desde la declaración de la zona como parque protegido, las autoridades han emprendido una campaña de restauración de este ecosistema, el más frágil de todos, mediante la plantación de chopos *(Populus alba)* y sauces *(Salix alba)*. En las zonas cerealistas anidan perdices, codornices y avutardas: en los cerros y las laderas de los valles crecen bosques de tipo mediterráneo, con encinas y pinos, o bien coscojales en los que viven erizos, conejos, jabalíes, tejones, zorros y gatos monteses. Por último, en los acantilados anidan rapaces como el cernícalo, el halcón peregrino, el milano negro o el búho real.

Justo en la confluencia del Jarama y el Manzanares, encajonados entre los dos, se encuentran los cerros de la Marañosa. Se trata de unos montículos de escasa altitud, pero con un perfil muy peculiar al estar aislados los unos de los otros y tallados por efecto de la erosión. Están cubiertos por pinos carrascos de gran riqueza cinegética, si bien una parte de los montes se quemaron en 2003 y en la actualidad están en proceso de reforestación.

p. 171
Arriba izquierda, cabras montesas en el macizo de la Pedriza; arriba derecha, sierra de Guadarrama; abajo izquierda, embalse de Santillana visto desde el macizo de la Pedriza; abajo derecha, las cigüeñas han pasado de aves migratorias a residentes permanentes en el parque.

pp. 172-173
Paisaje invernal de la cumbre de la Maliciosa.

Hayedo de Montejo de la Sierra

Este Sitio Natural de Interés Nacional está situado al norte de la Comunidad de Madrid, en la Reserva de la Biosfera Sierra del Rincón, a orillas del río Jarama. El Hayedo aparece documentado por primera vez en el año 1460, cuando el pueblo de Montejo lo adquirió al señor de Sepúlveda. Los señores de Buitrago pretendieron en algún momento ser los propietarios del bosque, pero finalmente una disposición del emperador Carlos V, en el siglo XVI, adjudicó definitivamente la propiedad al pueblo de Montejo.

Los hayedos son frecuentes en Europa y también en el norte de España, pero escasean en el sur peninsular, puesto que necesitan una elevada humedad. Hay que buscar el origen del Hayedo en la era posglacial, cuando este tipo de ecosistema desapareció del sur de Europa dejando algunos bosques relictos en zonas en las que las condiciones permitieron su pervivencia. En el caso del Hayedo de Montejo, estas condiciones son, por una parte, la profundidad, humedad constante y riqueza del suelo; por otra, el hecho de estar situado en una ladera de umbría, no sujeta a un exceso de evaporación. Un último factor que ha potenciado su desarrollo y, sobre todo, su conservación ha sido su uso tradicional como zona de pastoreo comunal.

La gran protagonista del lugar es la *Fagus sylvatica*, el haya común, si bien no siempre aparece en solitario, sino que suele mezclarse con otras especies arbóreas, como robles, acebos y rebollos. El sotobosque es el hábitat de grandes mamíferos, como el corzo, el zorro o el jabalí, y de otros de menor tamaño, como el tejón, el conejo, el turón, el ratón de campo o la comadreja. Gracias a la humedad, proliferan en el humus todo tipo de setas que atraen en temporada a numerosos aficionados.

El acceso al hayedo está restringido para proteger la zona de la presión humana. Es necesario solicitar un permiso en el Centro de Recursos e Información de la Reserva de la Biosfera Sierra del Rincón. Hay tres itinerarios señalizados para visitar el Hayedo de Montejo: el primero es llano y sigue el curso del Jarama; el segundo sigue el curso del río durante un tramo y a continuación asciende por una ladera; por último, la llamada Senda del Mirador cruza todos los pisos de vegetación del Hayedo, precisa de unos 90 minutos y es de dificultad alta.

La mejor época para visitar el Hayedo de Montejo es el otoño, cuando los árboles caducifolios adquieren los hermosos matices rojizos antes de la caída de la hoja.

p. 175
Izquierda arriba, un búho, el predador nocturno del entorno boscoso del Hayedo; izquierda centro, los acuíferos de la zona facilitan la proliferación de anfibios como el tritón de la imagen; izquierda abajo y derecha arriba, dos caras del Hayedo: primavera y otoño; derecha abajo, una ardilla, una de las especies de roedores del Hayedo.

pp. 176-177
La humedad del ecosistema de la sierra del Rincón ha permitido la inusual pervivencia del hayedo en este territorio de Europa meridional.

Buitrago del Lozoya   180

Chinchón   184

Alcalá de Henares   188

Rascafría y El Paular   192

Buitrago del Lozoya

Enclavado en la estribación meridional de la sierra de Guadarrama, en el valle medio del Lozoya, Buitrago ocupó desde los tiempos de la Reconquista una posición estratégica que ha dejado una huella imborrable en su configuración actual. Conforma uno de los conjuntos fortificados mejor preservados de la Comunidad de Madrid. Hacia el siglo XV su estructura urbana se encontraba prácticamente consolidada. En la parte alta, el recinto amurallado cuya plena ocupación llevó a la creación de dos arrabales: el de San Juan, al norte, y el de Andarrío, en la otra ribera del río Lozoya, comunicado mediante el puente Viejo, o puente del Arrabal. Construido de piedra y reforzado con mampostería, consta de un único arco de medio punto. En la actualidad, el puente es lugar de paso de la Cañada Real segoviana.

El conjunto fortificado ha preservado tres entradas, un lienzo de muralla conocido como el adarve bajo, que discurre paralelo al río y que no excede los 6 m de altura, y los tramos sur y sureste, que conservan numerosos elementos defensivos como los torreones, la barbacana, el foso, la torre albarrana, el castillo y la coracha, un sector de muralla que se introduce en el río. La torre albarrana, o torre del Reloj, de planta pentagonal, protegía la entrada principal. La construcción del castillo de Buitrago se inició en el siglo XV sobre una fortificación anterior. De estilo gótico-mudéjar, las diferentes dependencias se articulan en torno a un patio de armas. Conserva siete torres de diferentes proporciones y se encontraba protegido por un foso.

En la población de Buitrago se encuentra el Museo Picasso-Colección Arias. Un pequeño museo que forma parte de la historia del arte y de una amistad. La relación a lo largo de veintiséis años entre Pablo Picasso y Eugenio Arias se fraguó en la barbería que este último regentaba en Vallauris, donde ambos se habían instalado en su exilio francés. Eugenio Arias, natural de Buitrago del Lozoya, regresó a España en 1977, tras cuarenta años de exilio, y decidió instalar su colección en su pueblo natal. El 5 de marzo de 1985 se inauguró el Museo Picasso en un solemne acto al que asistió el propio Arias. El museo acoge piezas fundamentales para comprender la trayectoria artística y vital del pintor malagueño. Se exponen piezas de cerámica que el artista había realizado en el taller de alfarería Madoura, en Vallauris, y dibujos de gran diversidad temática, donde destacan los retratos y las corridas de toros. La colección se completa con una amplia obra gráfica: litografías, linografías y grabados sobre celuloide.

p. 181
Atrio y portada de la iglesia de Santa María del Castillo.

pp. 182-183
Lienzo suroeste del recinto amurallado de Buitrago del Lozoya.

Chinchón

En la comarca de Las Vegas, entre campos de cultivo, frondosas riberas y espacios naturales protegidos, se encuentra la localidad de Chinchón. Su historia aparece bien pronto vinculada a la monarquía. En 1480 los Reyes Católicos conceden a los marqueses de Moya dominio y jurisdicción sobre 32 poblaciones, entre ellas el señorío de Chinchón. A este período se remonta la construcción original del castillo, que fue modificado y reconstruido a lo largo de los siglos hasta su parcial destrucción y posterior abandono tras la guerra de Sucesión. En 1520, bajo el reinado del emperador Carlos V, el núcleo poblacional primigenio se había ido desplazando hacia lo alto de la colina, la Plaza Mayor se perfilaba como el centro del poder político y se iniciaba la construcción de la iglesia de la Asunción y los conventos de San Agustín y de las Clarisas.

La Plaza Mayor de Chinchón era en su origen una explanada destinada a guardar el ganado y a acoger las ferias de exposición y venta de animales. En el siglo XV se construyeron las primeras casas y, ya en el siglo XVII, todo el perímetro se encontraba flanqueado por viviendas, comercios y talleres. El resultado es el de una clásica plaza medieval, de arquitectura popular, cuyo conjunto resulta homogéneo con las viviendas de tres pisos, las balconadas y las galerías porticadas. La plaza ha sido escenario de celebraciones religiosas, políticas y militares, y ha servido como plaza de toros, corral de comedias e incluso plató de cine.

La construcción de la iglesia de Nuestra Señora de la Asunción se inició en 1534 como capilla del palacio de los condes. Las obras se prolongaron durante años, tal y como refleja, en su aspecto actual, una superposición de diversos estilos: gótico, plateresco, renacentista y barroco. Situado en el retablo del altar mayor se encuentra el cuadro de *Nuestra Señora de la Asunción*, pintado por Francisco de Goya a petición de su hermano Camilo, párroco del lugar, tras los serios destrozos sufridos durante la guerra de la Independencia.

El convento de San Agustín, actual parador nacional de turismo, se construyó en 1626 y allí se instaló la comunidad de frailes fundada por los señores de Chinchón en el siglo XV. El convento conoció su momento de esplendor al convertirse en sede académica de las cátedras de Teología, Humanidades y Latín. El edificio actual, de ladrillo y mampostería, fue restaurado por el arquitecto Juan Palazuelo en 1982 y ha recuperado su estructura original en estilo barroco con influencias renacentistas.

p. 185
Arriba, vista de la Plaza Mayor de Chinchón desde uno de los pórticos; viñedos y trigales en las planicies que rodean la localidad; lucernario de la ermita del Cristo del Humilladero.

pp. 186-187
Las balconadas de madera como las de la Plaza Mayor de Chinchón, en la imagen, constituyen un elemento típico de la arquitectura popular castellana.

Alcalá de Henares

A finales del siglo XV el cardenal Cisneros decidió fundar en Alcalá de Henares una universidad que iba a convertir la ciudad en un centro cultural de primer orden. El 13 de abril de 1499 se autorizó la creación del colegio mayor de San Ildefonso, que fue sede inicial y germen de la futura institución universitaria. El espíritu humanista de su fundador atrajo a miles de estudiantes, profesores y órdenes religiosas. Se fundaron colegios para el estudio de diversas disciplinas, como los de Teología, Física, Gramática o Lógica. Por sus aulas pasaron insignes personalidades como Antonio de Nebrija, Pedro Calderón de la Barca, Francisco de Quevedo, Félix Lope de Vega, Mateo Alemán, fray Luis de León, san Juan de la Cruz, santo Tomás de Villanueva, san Ignacio de Loyola, san José de Calasanz y Melchor Gaspar de Jovellanos. Paralelamente, la ciudad conoció una renovación urbanística y arquitectónica que llevó a crear un entramado urbano nuevo, más racional, en cuadrícula. Durante los siglos XVI y XVII Alcalá vivió su edad de oro. A instancias del cardenal Cisneros, se construyó la catedral Magistral, un edificio en estilo gótico tardío con tres naves de bóveda de crucería rematada por una torre en estilo herreriano del siglo XVII. La capilla de San Ildefonso, construida como el colegio mayor homónimo en 1499, combina el mudéjar del artesonado con el plateresco de las yeserías y el exquisito estilo renacentista del monumento funerario del cardenal Cisneros. Las distintas órdenes religiosas edificaron sus conventos, como el de las clarisas, las ursulinas, las dominicas de Santa Catalina, las carmelitas de la Imagen o el monasterio de San Bernardo, que custodia un retablo exento y la colección de pintura de Angelo Nardi. La construcción del convento de las Bernardas y la urbanización de la plaza homónima crearon un armónico conjunto formado por el convento de la Madre de Dios, actual Museo Arqueológico, el Palacio Arzobispal y la fachada del monasterio.

En 1547 nació en Alcalá de Henares el insigne escritor Miguel de Cervantes Saavedra, cuya casa natal, convertida hoy en museo, ofrece al visitante un panorama de la localidad en el siglo XVI y además conserva valiosas ediciones de sus obras. Esta población contó desde el siglo XVII con un corral de comedias, un teatro de madera al aire libre que fue escenario de representaciones populares. Se convirtió en coliseo techado en 1769, en teatro de estilo italianizante en 1831 y, tras años de abandono, ha recuperado la actividad teatral con una programación permanente.

p. 189
Izquierda arriba, corral de comedias del siglo XVII; izquierda abajo, Centro de Estudios Cisnerianos, ubicado en el palacio de Laredo (siglo XIX); derecha arriba, vista panorámica de la plaza de Cervantes; derecha centro, columnas y nervadura de la catedral gótica (siglos XVI y XVII); derecha abajo, el Palacio Arzobispal (siglo XIII).

p. 190
Patio de Santo Tomás de Villanueva, en el colegio mayor de San Ildefonso (siglos XV-XVI).

p. 191
Fachada principal de la universidad, construida en el siglo XVI.

Rascafría y El Paular

Situada en el valle alto del Lozoya y delimitada por los montes Carpetanos y la sierra de Cuerda Larga, Rascafría se extiende entre tierras de cultivo, prados y bosques de ribera. La población conserva en muy buen estado su arquitectura popular, típica del Guadarrama, como la Casona, con su fachada porticada del siglo XIV, o la Casa Vaca. Su iglesia parroquial, dedicada a san Andrés Apóstol, constituye un elegante conjunto iniciado en el siglo XV y remodelado a lo largo de los siglos XVII y XVIII. El resultado es una acertada combinación de los estilos del gótico tardío, renacentista y barroco en sus elementos decorativos.

Las obras de construcción del convento cartujo de El Paular se iniciaron en 1390 durante el reinado de Juan I de Castilla, siguiendo las indicaciones de su padre, Enrique II. Junto a una ermita conocida como Santa María de El Paular, varios arquitectos, escultores y artesanos se dedicaron durante siglos a la construcción de un monasterio, una iglesia y un palacio. Durante el gobierno de los Reyes Católicos se llevó a cabo una importante remodelación del conjunto primitivo. Una de las intervenciones más relevantes sería encargada al arquitecto y escultor Juan Guas, autor del atrio y la portada de la iglesia, así como del claustro del convento. La iglesia, de una sola nave, conserva un hermoso retablo de alabastro policromado de finales del siglo XV compuesto por diecisiete escenas de la vida de la Virgen María y Jesús, labradas con gran detallismo. Dentro del monasterio, destacan especialmente el claustro, con un airoso templete octogonal, y la hermosa sala capitular, una estancia rectangular cubierta por tres tramos de bóvedas ojivales. Después de la exclaustración de los cartujos, el convento estuvo abandonado hasta 1954, momento en que fue cedido a la orden benedictina que lo ocupa en la actualidad.

En el claustro gótico del monasterio se ha instalado la colección de 52 obras de Vicente Carducho, realizadas por el pintor de origen italiano entre 1626 y 1632. La serie cartujana fue un encargo de Felipe III para decorar el monasterio. Tras la desamortización de Mendizábal, los cuadros fueron distribuidos entre diferentes museos hasta que pudieron ser reunidos de nuevo en El Paular. El conjunto se compone de un primer grupo de lienzos dedicado a san Bruno de Colonia, fundador de la orden, y un segundo grupo a los hechos destacados de diferentes cartujos. Destacan obras como *La conversión de san Bruno*, *La aparición de la Virgen a un hermano cartujo* o *La muerte de san Bruno*.

p. 193
Arriba, reja de la capilla mayor del monasterio de Santa María del Paular; abajo izquierda, el llamado bosque de Finlandia, un paisaje armoniosamente modificado por la mano del hombre; abajo derecha, una de las crujías góticas del claustro del monasterio de Santa María del Paular.

pp. 194-195
Panorámica del claustro del monasterio de Santa María del Paular.

MADRID
reasons for visiting

Albert Ollé

Preface
Marta Rivera de la Cruz

Contents

Preface *Marta Rivera de la Cruz*	200
Introduction *Albert Ollé*	202

— THE MADRIDS OF MADRID — 204
The Madrid of the Austrians — 204
Madrid of the Bourbons — 204

— MUSEUMS — 205
The Prado Museum — 205
The Thyssen-Bornemisza Museum — 205
The Museo Nacional Centro de Arte Reina Sofía — 206
The Royal Fine Arts Academy of San Fernando — 206
The Sorolla Museum — 206
The Lázaro Galdiano Foundation — 207

— CULTURAL CENTRES — 208
The Fine Arts Circle — 208
CaixaForum Madrid — 208
Matadero Madrid — 208

— ROYAL SITES — 209
The Royal Palace — 209
Aranjuez — 209
The Royal Site of San Lorenzo de El Escorial — 210
The Royal Site of El Pardo — 210

— SINGULAR MADRID — 211
The Rastro — 211
The San Miguel Market — 211
The Old Established Shops — 212
The Cafés — 212
Flamenco and Jazz — 213

— PARKS AND GARDENS — 213
The El Retiro Park — 213
The Royal Botanical Gardens — 214
The La Arganzuela Park — 214
The West Park — 214
The *Casa de Campo* and Funfair — 215

— AVANT-GARDE ARCHITECTURE — 215
The Cuatro Torres Business Area — 215
Avant-Garde Hotels — 216
The Bamboo House in Carabanchel — 216
The *Mirador* in Sanchinarro — 216

— FEASTS AND FESTIVITIES — 217
The *Verbena de la Paloma* — 217
The Feast of San Isidro — 217

— GASTRONOMY — 218
Traditional Cuisine — 218
Creative Cuisine — 219

— LANDSCAPES — 219
The Cumbre, Circo and Lagunas de Peñalara Natural Park — 219
The Manzanares and Jarama Rivers Regional Park — 219
The Montejo de la Sierra Beech Forest — 220

— ESCAPES — 220
Buitrago del Lozoya — 220
Chinchón — 221
Alcalá de Henares — 221
Rascafría and El Paular — 222

Preface
Marta Rivera de la Cruz

I came to Madrid in the autumn of 1988, on a radiant, crystal clear tenth of October. I was vaguely familiar with the city, since I had visited it with my parents on several occasions, but this time it was different: I'd come to stay.

Of that initiatory afternoon I recall the priceless discovery of the light of autumn, so different from that of the gentle grey autumns of Galicia, and the impossible colour of a sky that might for a few minutes – though I was unaware of this – acquire all the different tones of violet. I also recall the disagreeable sensation of having made a monumental blunder. For, a newcomer and all alone, I decided to treat myself to an avid stroll through the city centre: Paseo de la Castellana, the Gran Vía, the Puerta del Sol, Plaza Mayor. That first afternoon – innocently armed with a street map and the conviction that it wasn't so difficult to play the part of woman of the world – I got lost several times. I was unaware of the codes of the maze of streets, of the names of squares, of the whims of urban planners who, for no apparent reason, had changed the name of a thoroughfare halfway along its length. Nobody had warned me that the geography of Madrid is intricate and different, staked out with little secrets revealed only to those who decide to belong to the city. And at that time I wasn't sure whether Madrid was to be my destination or just a way station.

When I got back home, my feet killing me and the map falling apart, bewildered by the traffic which on that day had struck me as murderous and crushed by the sensation of having been devoured by a place thoroughly alien to me, I was overwhelmed by something resembling despondency. I was sadly aware of being in Madrid on borrowed time; of the fact that this vast, anarchical city – which at times had even struck me as violent and hostile – was not somewhere I could make a place for myself.

I suppose, though I'm not sure of this, that my first impulse was to flee as fast as my legs could carry me. To escape from a destiny that wasn't mine, from an environment that didn't belong to me, from a place where I didn't fit in. But things look better after a good night's sleep, and next morning I decided to give Madrid – or rather myself – another opportunity before throwing in the towel. So my disembarking operation began again. I bought another map, smaller and easier to handle than that sheet for unwary chance visitors I'd purchased the previous day. I briefly studied the bus routes and realised it was very easy to get around by metro. To allay my fears in the face of the unknown, I stuffed a one-thousand-peseta note in my jeans pocket should the imperative need arise to take a taxi. And I began to explore the city, to dissect it, to navigate though it and get my bearings. To make it mine.

Unlike on that first afternoon when I set out take everything in, this time I took things easy: I divided the map into areas and allotted time to each one, because by now I'd realised that, in a way, Madrid is not a city but a collection of hundreds of small towns which have conspired to move forward together hand-in-hand.

This is how my journey began, a journey of unexpected discoveries, of surprises. I learned, for example, that the Madrid air has a smell of its own: it smelt of asphalt, and of roast chestnuts, and of the whiff of expensive perfume a Japanese tourist was wearing, and of fried squid in the vicinity of the Arco de Cuchilleros, and of exhaust fumes, and of glass and cement which, though it took me some time to realise this, also have their own aroma. I let myself be unresistingly captivated by the magnificent bearing of the *Palacio Real* and by the sunset over the Sabatini Gardens, I strolled through the Retiro and thought that the *Palacio de Cristal* might well have been borrowed from among the steel-and-glass follies of the 1889 Exhibition. I discovered the miraculous silence that envelops the *Jardín Botánico* as you walk through it, only a few metres from the diabolical traffic and the symphony of urban noise, and the concerto of fountains: the murmur of water as it sprang from a putto's conch or from the furious mouth of a stone faun. Madrid wasn't Paris, but those satyrs might have lived in Versailles. Madrid wasn't New York, but some of its buildings also challenged the sky. Madrid wasn't London, but the green meadows of the *Parque del Oeste* had nothing to envy those of Hyde Park. Madrid wasn't one city, but a host of them. Because it had been stealing, with the craftiness of a Lazarillo de Tormes, the best of many metropolises it had no intention to resemble. Madrid had its own pattern, its own physiognomy. And I found the Madrid I was looking for: the city of stones from the Golden Age scoffing at the ambitious plans of urbanism conceived for the twenty-first century. The city of centuries-old stores standing up to modern shopping malls. That of a woman playing the barrel organ as a businessman walks by, that of the promise of a traditional neighbourhood festivity on the same day that an international congress is held. The airs of a zarzuela were compatible with avant-garde music, cinnamon cornets with new cuisine, a man wrapped in a Spanish cape with the inveterate members of an urban clan, the theatre of Lope with alternative venues. Lost years with those that may still be regained from time for the future.

In the Prado triangle I discovered, speechless with astonishment, the masters of painting I had hitherto been resigned to admiring on the pages of a book: Velázquez, who painted the air; Goya and Arcimboldo in their allegories of abundance; El Greco; formidable Picasso, who had written in his *Guernica* the story of a drama. I visited cafés where the shadows still persisted of great names who had let afternoons and evenings pass by deep in endless conversation, and shivers went down my spine when I thought that at those pedestal tables Baroja, Valle and Juan Ramón had sat, and the master Cela, and Unamuno, and Alberti. Their memory was beyond the walls where their portraits hung: it had remained in the atmosphere of those bars with their aroma of white coffee, of glasses of anisette, of the luxury of a *tortel* or a *bartolillo** when poor poets gathered, of writers who came to Madrid to conquer the world armed with paper and letters.

As I discovered the city I realised, above all, that Madrid has a heartbeat, its own pulse. That this city – as has been said of others – is also a state of mind, a lifestyle. That, on treading its streets, something unknown stirred my heart and put my senses on the alert. That, on reaching Madrid, everyone is more aware that they are alive, that they may be met by many surprises, that they may even come across great opportunities.

Over twenty years later I can't say exactly what it is that makes Madrid so different from all the other cities in the world. Perhaps its self-awareness as alluvial soil where everybody has a different past. Perhaps an extraordinary spirit of hospitality, thanks to which all those who find themselves in Madrid feel united to the city in one way or another. This is not an immobile city; it moves to the rhythm of history and its peoples.

I enjoy remembering those afternoons, those mornings on which I walked through the streets of Madrid trying to create my own mythology of the city, to establish my own links with it, a personal current of affection. Madrid was gradually getting under my skin, as some people do whom we come to love without realising it. And no, I'm not from Madrid, but Madrid belongs to me just as it belongs to all those who build it, who live here, who work here. Perhaps, too, to those who dream of it as something resembling the promised land.

On the last days of that month of October 1988, I knew I was beginning to be part of this city. And that, come what may and at whatever price, I was determined to stay in Madrid forever.

---

* Types of pastry.

Introduction
Albert Ollé

*Allá donde se cruzan los caminos,
donde el mar no se puede concebir,
donde regresa siempre el fugitivo,
pongamos que hablo de Madrid.*

(There where the roads cross,
where the sea cannot be conceived,
where the fugitive always returns,
let's say I'm talking about Madrid.)
          Joaquín Sabina

'From Madrid to heaven' (Luis Quiñones); 'Madrid, Madrid, how well your name sounds, breakwater of all Spains' (Antonio Machado); 'Madrid, the most Spanish of all cities (Ernest Hemingway); 'That's how Madrid is, sometimes joyful, sometimes bad-tempered' (Medina Azahara). We might fill a book with quotes from what poets, novelists, zarzuela librettists, rock stars and singer-songwriters have written or said about Madrid. Many of them are pure declarations of love, but since love and hate are separated only by a fine line, there are those who also express the despair of the slighted lover, of someone who strives in vain to cease to love. It is not, however, the purpose of this book to gather opinions on Madrid. We unconditionally love the capital of Spain and wish to share this love with our readers. To this end we have compiled a number of reasons to explore Madrid and enjoy the many delights that, with the generosity that characterises great hosts, the city offers to its citizens and visitors alike.

There are those who have compared twenty-first-century European cities with big department stores that make uncountable wares available, with sections for all tastes. Such is Madrid, with an inexhaustible offer, with so many facets that nobody can say they have not found what they were looking for. Furthermore, you will find loads of things in Madrid that you were not looking for, even things you never imagined existed. There is a French expression, '*auberge espagnole*', which probably reflects the precariousness of Spanish inns that Gallic travellers encountered in the eighteenth and nineteenth centuries. '*Une auberge espagnole*' is an inn where the traveller literally finds only what he himself is carrying. Perhaps for our complaisant neighbours the expression has somewhat disparaging overtones, but if we turn it around back to its original meaning, we may proudly assert that Madrid is indeed '*une auberge espagnole*', since it has been shaped by the contributions from history that converted the small village of La Mancha, which is what it was in the sixteenth century, into one of the great European capitals. From Philip II, the Habsburg king who transformed it into the capital of the Kingdom, to the French dynasty of the Bourbons, the Spanish monarchy has striven to endow the city with spacious avenues, palaces, public gardens, great monuments, museums and other cultural institutions, like its academies.

Nonetheless, the greatest contribution to the capital has been made by the people of the city, the *Madrileños*, and by *Madrileños* we understand all those immigrants who over the centuries have come to the big city, all with their own customs, their own cuisine and, above all, their determination to surpass themselves, to become true *Madrileños* and make the capital their own. Madrid's great wealth is undoubtedly its human element, the crucible in which the cultural heritages and customs of all Spains have become successfully combined to endow the city with its current many-sided personality.

Reasons to know Madrid? There must be as many as there are visitors: each one, as in the '*auberge espagnole*', carrying their own baggage. The purpose of this book is to put forward a few of these reasons, while making absolutely no attempt to establish an exhaustive list. The criterion we have applied to their selection is that of presenting the different stimuli that prompt travellers to visit a big city. There are those who would be content to contemplate great works of art in museums and ignore the rest of the city. There are also those who travel, as Unamuno commented in horror, for the mere pleasure of sampling new forms of cuisine. Many people roam the country in the wake of music or theatre festivals, while others are popular festivity enthusiasts. This book sets out to take them all into consideration with the intention, moreover, of arousing the interest of some in the inclinations of others, since the capital is like a huge cocktail shaker in which everything is mixed for the enjoyment of the curious visitor.

The book's first major section takes the reader on an itinerary through the capital's historical centre, beginning with the Madrid of the Austrians, shaped by Philip II and his successors of the same dynasty during the sixteenth and seventeenth centuries. Today it is mostly a pedestrian area and presents one of the capital's most amiable faces, with its time-honoured shops and typical taverns, its old theatres and cultural centres such as the *Ateneo*. The second route suggested by this section is the Madrid of the Bourbons, less popular than that of the Austrians and characterised by impressive monuments, ranging from the *Palacio Real* to the Prado Museum, architecture conceived as a reflection of power, of the *grandeur* of the absolutism of the French dynasty.

Indeed, it is the Bourbons we must thank for the *Museo del Prado*, featured in the book's second major section, devoted to the capital's great museums. Initially serving to house the rich royal collections, it soon became one of the world's most important art museums, subsequently giving rise to what is known as Madrid's art triangle, the *Museo Thyssen-Bornemisza* and the *Museo Nacional Centro de Arte Reina Sofía* constituting its other two sides. Three further museums complete this section: that of the *Real Academia de Bellas Artes de San Fernando*, created by royal patronage halfway through the eighteenth century in emulation of the academies established in France, while the remaining two are fruit of the generosity of private citizens: the *Museo Sorolla*, which preserves in the painter's studio-mansion works by Sorolla himself and his private collection, bequeathed to the State by his family on the artist's death, and the *Fundación Lázaro Galdiano*, which exhibits at the home of this financier the collections he donated to the State in his will.

Three cultural centres are featured in this work. The first, the *Círculo de Bellas Artes*, is a private institution serving to foster activities related to art. The second, *CaixaForum Madrid*, is a cultural initiative on the part of the famous Catalan savings bank and exhibits its spectacular vertical garden in the art triangle, very close to the *Museo Nacional Centro de Arte Reina Sofía*. The former industrial naves of the last, *Matadero Madrid*, sponsored by the capital's Municipal Council, constitute the setting for all kinds of cultural activities, ranging from the plastic arts to music and theatre, all of them characterised more or less by a degree of experimentation and by an avant-garde spirit.

It seems that traditionally the monarchs of Spain responded to a nomadic vocation. Thus, around the capital they built or refurbished a number of palaces to which they would move successively as one season led to the next. On many occasions they exploited former hunting lodges or country houses, which they extended to adapt them to their new purposes, not only as residences for itinerant royal families but also as administrative centres occupying hundreds of officials who had to be provided with lodging and food. It need not surprise us, therefore, that around these royal sites genuine villages or towns grew up which have survived their original function as royal residences. The *Royal Sites* section invites the reader to visit four of these palaces, all of them with an unmistakable Bourbon stamp, a token of nostalgia for Versailles and its gardens, a form of yearning that has left in the capital and its surroundings fine neoclassical buildings and exquisite French-style gardens, the work of the best architects and landscape architects of the period.

From palaces to streets, cafés and *tablaos* (flamenco venues). Still surviving in Madrid are curious forms of buying and selling that recall former times, such as the *Rastro* market, which every Sunday enlivens the streets of La Ribera de Curtidores, or the traditional shops selling such motley items as mantillas or esparto products. Cafés, too, are a deep-rooted tradition in the capital and have witnessed much of the social, cultural and political life of the last centuries. For its part, the Market of San Miguel, having adopted the motto 'renovate or perish' as its own, has created in the old (and until recently moribund) municipal market a commercial complex that cheerfully combines haute cuisine and leisure activities. The section closes with a glimpse at the world of flamenco and jazz, both with deep roots in the capital and more alive than ever today.

The *Parks and Gardens* section takes us on a trip through some of the green zones that oxygenate the capital's maltreated atmosphere. Some of these have a long history, like the *Casa de Campo*, the *Parque del Retiro* and the *Jardín Botánico*, either created or radically altered by royal command in the eighteenth century. Other more recent ones were conceived not as places of recreation for monarchs and their courtiers but rather, and in accordance with more modern, more democratic criteria, as public spaces for a population increasingly overwhelmed by their aggressive urban surroundings. This is the case of the *Parque del Oeste*, conceived at the end of the nineteenth century. Other parks, such as that of Arganzuela, were created by democratic city councils, committed to policies devised to humanise the city by rescuing green zones from the voraciousness of the automobile and returning them to pedestrians so that they may stroll or engage in urban sports like jogging, cycling or skateboard.

History books will speak some centuries from now about the buildings in the *Avant-Garde Architecture* section with the same respect they now bestow on monuments like the Monastery of El Escorial or the *Palacio Real*. Thanks to new lighter and more durable construction materials, architects are able to design increasingly taller buildings more and more fanciful in shape. This is the case of the examples presented here, the *Cuatro Torres Business Area*, the *Silken* and *Room Mate* hotels and the *Mirador* in Sanchinarro. Deserving mention apart is the *Casa de Bambú* in Carabanchel, which is informed by notably ecological principles.

The following two sections address popular customs, almost invariably linked to each other: feasts and cuisine. For at least a few days, the feasts of La Paloma and San Isidro allow *Madrileños* to recover a delightfully rustic spirit, go on pilgrimages and picnic in the open air. One chapter is devoted to traditional Madrid cuisine, featuring such typical dishes as *callos* (tripe), *cocido* (stew) and squid sandwiches, while the other comments on the emergence in the capital of great chefs of the new creative cuisine, who delight the palates of *Madrileños* and visitors alike.

The book closes with two sections that take the reader out of the city of Madrid. The first proposes three excursions in search of unique landscapes, which they certainly are. The *Parque Natural de la Cumbre, Circo y Lagunas de Peñalara* is an unusual (and very beautiful) high-mountain landscape only a few kilometres from the Puerta del Sol. The second, the *Parque Regional de los Ríos Manzanares y Jarama*, has managed unexpectedly to survive the onslaught of urban growth to constitute, safeguarded by conservationist laws, an extensive nature reserve with a variety of highly interesting ecosystems, particularly its wetlands and cliffs.

The last reasons to visit Madrid take us out of, though not very far away from, the capital. They propose a number of trips to towns with a charm of their own, excursions that can easily be made in a single day. The destinations of three of them are towns with a rich architectural heritage, ranging from the majestic university buildings and monasteries of Alcalá de Henares to the splendid vernacular architecture of the Plaza Mayor in Chinchón and the impressive fortified walls of Buitrago. The last trip takes the reader to the landscapes and cultural heritage of Rascafría, with its notable complex of vernacular architecture, and the monastery of El Paular, originally Carthusian and now belonging to the Benedictine Order.

THE MADRIDS OF MADRID

The Madrid of the Austrians

In 1561 Philip II, the second Spanish monarch of the House of Habsburg (otherwise known as the House of Austria), decided to transfer the imperial capital from Toledo to Madrid, a decisive moment in the history of the city. Indeed, the need to accommodate the army of government officials entrusted with the mission of effectively administering the mightiest empire of the time, and to provide them with the facilities they required, led to rapid urban growth during the sixteenth and seventeenth centuries, with the construction of numerous dwellings and administrative and religious buildings. This is the part of the city known as *Madrid de los Austrias*.

The Plaza Mayor is, perhaps, its most emblematic element, although its current appearance is due in part to reconstruction work carried out by Juan de Villanueva in 1790, by which time the Bourbons were on the throne. The plaza is a spacious quadrangle surrounded by buildings with arcades, three floors and an attic. Prominent on its north façade is the *Casa de la Panadería*, with frescoes by Claudio Coello, and on the south façade the *Casa de la Carnicería*, built in the likeness of the former. The plaza has served throughout its history as a bullring and as the setting for allegorical religious plays, executions and the proclamation of kings. Every Sunday it is now a bustling market for stamp collectors and sellers.

The Puerta del Sol was originally a gateway in the city walls, but as the *Villa y Corte** grew, it became part of the city centre as the confluence of a number of its major avenues. Strolling through the Puerta, leisurely contemplating Madrid's most diversified human panorama, is a highly pleasurable experience. The most prominent building in the plaza is the *Casa de Correos*, now the government seat of the Autonomous Community of Madrid. Its hundred-year-old clock plays a leading role at midnight on December 31, when its twelve chimes invite millions of Spaniards to eat the twelve grapes with which they traditionally usher in the New Year. The plaza also features two of Madrid's symbols: the plaque that marks the initial point (Km 0) of the radial system of Spanish roads and the statue of the bear and strawberry tree.

A third square characteristic of *Madrid de los Austrias* is the Plaza de la Villa, the most important of medieval Madrid. Here stand three significant buildings: the seventeenth-century *Casa de la Villa* (restored in the twentieth century), the former Madrid City Hall and now the place where the municipal plenary sessions take place; the *Casa y Torre de los Lujanes* (fifteenth-century), the capital's two oldest civic buildings; and the *Casa de Cisneros*, a plateresque-style palace constructed in the sixteenth century for one of the nephews of the cardinal of the same name.

* The name by which Madrid is often known, literally 'Town and Court'.

Illustrations

p. 17
Above, *Casa de la Panadería*, the work of Juan Gómez de Mora, on the north façade of Plaza Mayor in Madrid. Below left, sculpture of the Bear and Strawberry Tree, the heraldic symbol of Madrid, which stands in Puerta del Sol; right, detail of the façade of *Casa de la Panadería*, in Plaza Mayor, with Charles II's escutcheon of Spain.

p. 18-19
The *Palacio Real*, by Giovanni Battista Sachetti, seen from the Sabatini Gardens.

Madrid of the Bourbons

In 1700 Charles II, the last member of the House of Austria to occupy the Spanish throne, died without issue. Philip of Anjou, claiming kinship with the Habsburgs (he was Charles II's great nephew), succeeded him as Philip V of Spain, the first of the Bourbon dynasty.

The Bourbons endorsed the French concept of the centralised state and of symbolising royal power in the form of monumental buildings. They were therefore great builders and urban planners.

Philip V ordered the construction of a new Royal Palace (see the chapter devoted to this building) on the site of the former *Alcázar*, which was completely destroyed by fire in 1734. He also decided to modernise and embellish Madrid and, invariably applying the model of the French monarchy, commissioned the young architect Pedro de Ribera to build the Toledo Bridge (1718-1734), the Church of La Virgen del Puerto (1718) and the *Real Hospicio del Ave María y San Fernando*, now converted into the city's *Museo de Historia*. Philip V was one of the great monarchs of the Enlightenment and, as such, sought to foster the sciences and the arts. To this end, he instituted the three classical academies: of Language (*Lengua*), of History (*Historia*) and of Medicine (*Medicina*). The *Real Academia de la Lengua Española* was created in 1714, although its current premises, a building by the architect Miguel Aguado de la Sierra, were officially opened in 1894. The *Real Academia de la Historia* was first housed in the *Casa de la Panadería*, in Plaza Mayor, until it was transferred to its present-day headquarters, the mansion called *Nuevo Rezado*, a late eighteenth-century work by architect Juan de Villanueva. The *Real Academia Nacional de Medicina* is currently housed in a fine building with a neoclassical façade and modernist interior, designed and constructed by architect Luis María Cabello. This same endeavour to cultivate the sciences led Philip V to support botanist José Hortega's initiative to create the *Real Jardín Botánico*. Equally inspired by the French model, he founded the *Real Fábrica de Tapices* (Royal Tapestry Factory), in operation still today.

Another great builder and city planner was Charles III, known as the best of Madrid's mayors. He was responsible for urban elements so cherished by the people of Madrid as the *Puerta de Alcalá*, by Francesco Sabatini, the *Observatorio Astronómico*, a fine neoclassical construction by Juan de Villanueva, the fountains of Cibeles, Apolo and Neptuno, by architect Ventura Rodríguez, and the Paseo del Prado. However, the monument most representative of Charles III's Madrid is undoubtedly the *Museo del Prado*, the work of Juan de Villanueva, to which we devote the following chapter.

Illustrations

p. 21
Above, the *Puerta de Alcalá*, commissioned from Francesco Sabatini by Charles III; below left, the *Fuente de Neptuno*, the work of Ventura Rodríguez as part of the arrangement of the *Salón del Prado*; below right, the *Fuente de Cibeles*, with the goddess on a chariot drawn by lions, one of Madrid's emblematic sights.

p. 22-23
Panoramic view of Plaza de la Cibeles with the neo-baroque *Palacio de Comunicaciones* on the right.

MUSEUMS

The Prado Museum

The building that currently houses the *Museo Nacional del Prado* was commissioned in 1786 by Charles III from architect Juan de Villanueva and conceived to accommodate the *Real Gabinete de Ciencias Naturales*. Work proceeded until the beginning of the nineteenth century, coinciding with the Napoleonic invasion, which brought the project to a halt when the French army converted the building into a cavalry barracks and melted the lead on the roof to manufacture bullets. Eventually, after his return to Madrid, Ferdinand VII decided to restore the building to convert it into the *Real Museo de Pinturas y Esculturas* (Royal Painting and Sculpture Museum). The Museum, opened in 1819, was to house the royal collections which, begun by the Emperor Charles I in the sixteenth century, had been enriched by his successors on the Spanish throne.

In 1827 Ferdinand VII ordered the *Real Academia de Bellas Artes de San Fernando* to donate numerous canvases from its collections, although it was in 1872 that the Prado fonds were substantially increased. Indeed, that year saw the closure of the *Museo de la Trinidad*, which accommodated works from the monasteries and convents that had been abandoned by the religious orders after the confiscation of church properties by treasury minister Juan Álvarez Mendizábal. The outcome of the closure was the transfer of the works preserved there to the Prado. Last century, a series of donations and an intelligent acquisitions policy further enriched the Museum's collections. The last turning point so far in the history of the Prado took place in 2007, when the Spanish monarchs and the Prince and Princess of Asturias opened its new wing, a beautiful, sober and functional design by Rafael Moneo. This extension of the Prado accommodates works from the nineteenth and early twentieth centuries previously preserved at the *Museo de Arte Moderno*, which no longer exists.

The Prado therefore covers essentially the history of painting from the sixteenth to the early twentieth centuries, the Spanish, Flemish and Italian schools predominating, the latter two by virtue of their obvious historical links with the Crown of Spain. As one would only expect, the major protagonists of the Spanish school are Velázquez, El Greco and Goya, while the Flemish are represented by Rubens, Hieronymus Bosch and Van Dyck, and the Italians by the great Venetian masters: Titian, Veronese and Tintoretto.

Before it became one of Spain's most popular tourist attractions, the Prado Museum had seen hordes of both copyists and prestigious European artists of the nineteenth and twentieth centuries parading before its canvases, eager to become impregnated with the genius of the painters exhibited there.

Illustrations

p. 27
Archduke Leopold Wilhelm's Painting Gallery, oil on canvas by David Teniers the Younger (1610-1690).

p. 28
The Spinners or *The Fable of Arachne*, oil on canvas by Diego Rodríguez de Silva y Velázquez (1599-1660).

p. 29
The May 3 Executions, oil on canvas by Francisco de Goya y Lucientes (1746-1828).

The Thyssen-Bornemisza Museum

The opening in 1992 of the *Museo Thyssen-Bornemisza* marked the completion of what is known as the 'triangle of Madrid art', the other two sides of which are the *Museo del Prado* and the *Centro de Arte Reina Sofía*. While the Prado specialises in painting from the fifteenth to the beginning of the twentieth centuries and the Reina Sofía in the twentieth and twenty-first centuries, the Thyssen-Bornemisza is more eclectic and encyclopaedic in nature. Indeed, the Museum houses two collections: that of Baron Heinrich Thyssen-Bornemisza, inherited and extended by his son Hans Heinrich, and that of the latter's widow, Carmen Cervera, Baroness Thyssen-Bornemisza. The first was acquired by the Spanish State in 1993, while the second is on temporary loan to the Museum.

The Museum opened its doors in 1992 in the former residence of the Duke and Duchess of Villahermosa, a fine early nineteenth-century neoclassical palace masterfully restored by Rafael Moneo. It has three floors and a cheerful façade on which red brick and white stone alternate.

The Museum exhibits almost one thousand works amassed by two generations of barons Thyssen-Bornemisza in a collection that traces the history of Western painting from the Renaissance to the end of the twentieth century, laying especial emphasis on the most important styles: Renaissance, Baroque, Romanticism and all the 'isms' of the nineteenth and twentieth centuries. The importance of the collection, besides the great artistic and monetary value of its canvases, lies in the presence of works belonging to movements hitherto absent from Spanish museums, such as French Impressionism, German Expressionism, the twentieth-century avant-garde and the splendid collection of American painting from the nineteenth century, the only one of its kind in Europe, to which the Museum devotes two halls.

Subsequent to its inauguration in 1992, the building that accommodates the Museum was extended in 2002-2003 with the annexation of two adjacent palaces, assigned to exhibit part of the collection which Baroness Carmen Thyssen-Bornemisza began to put together after the death of her husband. The core of the collection consisted initially of works belonging to the Baron not exhibited at the Museum, although little by little the Baroness began to acquire paintings of the Spanish school, which were missing from the original Thyssen-Bornemisza catalogue. While at present both collections are exhibited separately, by the express wish of Francisca Thyssen-Bornemisza, the late Baron's daughter and member of the Museum's board of trustees, it is planned to bring them together on the basis of historical criteria.

Illustrations

p. 31
Portrait of Gionanna Tornabuoni, mixed media on panel, the work of Domenico Ghirlandaio (1449-1494).

p. 32
The Dream, oil on canvas, Franz Marc (1880-1816).

p. 33
The Smoker (Frank Haviland), oil on canvas by José Victoriano González-Pérez, better known as Juan Gris (1187-1927).

The Museo Nacional Centro de Arte Reina Sofía

Spain's most important contemporary art museum is housed in what was originally the *Hospital General de San Carlos*, commissioned by Charles III from architects Hermosilla and Sabatini. Restored and opened in 2002, it soon became apparent that the building lacked capacity to accommodate the temporary exhibitions and the numerous activities that took place within its walls, as well as the constant growth of its permanent collection. For this reason, the prestigious architect Jean Nouvel was commissioned to design a new annex, opened in 2005, which provided additional space amounting to 60% of the original surface area. Besides the Sabatini and Nouvel buildings, the Reina Sofía has two secondary premises in the *Parque del Retiro*: the *Palacio de Cristal*, set aside for installations by contemporary artists, and the *Palacio de Velázquez*, at which temporary monographic exhibitions are held.

The museum was conceived to be an international reference point in the realm of contemporary art. To this end, besides organising temporary exhibitions of exceptional quality it also needed to put together an excellent permanent collection. The initial nucleus of the collection consisted of works formerly preserved at the *Museo Español de Arte Contemporáneo*, but soon an intelligent acquisitions policy coupled with donations in lieu of inheritance tax payment, such as those made by the heirs of Miró and Dalí, greatly enriched this collection, which continues to grow. Hanging on the walls of the Reina Sofía alongside works by these two Catalan masters are canvases by such Spanish artists as Tàpies, Juan Gris, Oteiza, Saura, the Equipo Crónica, Antonio López and Miquel Barceló, and by international painters and sculptors including Magritte, Arp, Tanguy, Picabia, Braque, Léger, Francis Bacon, Diego Ribera, Calder, Sam Francis, Lichtenstein and Yves Klein. However, the Museum's great protagonist, the figure whose sole presence would justify its existence, is Pablo Picasso. Indeed, the Museum exhibits, among other works of his, the spectacular *Guernica*, the invective against fascist repression of the Spanish people created by the genius from Málaga to be exhibited in the Pavilion of the Republic at the 1937 Paris International Exhibition. The painting was transferred from the Museum of Modern Art in New York to the *Casón del Buen Retiro*, where it was exhibited for a time in a totally decontextualised setting, until it found its perfect habitat at the Reina Sofía, surrounded by contemporary works, by canvases by Picasso himself and by numerous preparatory sketches for the masterpiece. The opportunity to contemplate *Guernica* is enough to make a visit to the Museum worthwhile.

Illustrations

p. 35
The Clowns, oil on canvas by José Gutiérrez Solana (1886-1945).

p. 36
Violin and Guitar, oil on canvas by José Victoriano González-Pérez, known as Juan Gris (1187-1927).

p. 37
Greta Garbo, sculpture in iron by Pablo Gargallo (1881-1934).

The Royal Fine Arts Academy of San Fernando

Halfway through the eighteenth century, in the context of the faltering Spanish Enlightenment, the *Real Academia de las Tres Nobles Artes* was created. It was born with the vocation of becoming a protector of the arts (painting, sculpture and architecture), while setting out at the same time to be an alternative to the teaching of artistic subjects, until then limited to apprenticeship in studios and workshops. Like other royal academies created in the eighteenth century, it was directly linked to the monarch, who delegated his authority to the *consiliarios* (counsellors), all of whom were members of the nobility. The Academy was the object of successive amendments to its statutes and objectives. One of the most important was the one which in 1847 dissociated the teaching of architecture from the institution. The most recent have been alterations to the building carried out in 1972 by the architect Chueca Goitia, the integration in 1987 of the visual arts, photography, video, television and cinema into the sculpture section, and the refurbishment in 2011 of the top floors of the building by the artist Gustavo Torner.

The Academy was housed on the first floor of the *Real Casa de la Panadería* until 1773, when the Palacio de Goyeneche on Calle de Alcalá was acquired, the work of José Benito de Churriguera and altered by the architect Diego de Villanueva, who stripped it of many of its baroque elements to adapt it to the neoclassical tastes of the period.

As from 1975 the teaching of art became the responsibility of the *Escuela de Bellas Artes* (Fine Arts School) of the *Universidad Complutense de Madrid*, and the Academy used the space that thereby became available to create a museum. This space was extended in 2011, when 22 rooms were recovered that had previously been occupied by offices of the Spanish Treasury and Inland Revenue. The Academy museum programme includes temporary exhibitions and a permanent collection, the latter composed of works by students who for over two centuries studied there, as well as others which are the product of nationalisation, such as those of the Company of Jesus, expelled in 1769, those acquired after confiscation of Church property in 1835, and Godoy's magnificent collection. Furthermore, a number of patrons have made donations of works to the Academy or else have provided it with funds with which to make acquisitions. Members of the Academy also donate one of their works when they occupy their position. Thus, visitors to the Academy museum may admire thirteen canvases by Goya, who was a member, two by Zurbarán, one Ribera, the splendid *Primavera* (Spring) by Arcimboldo, one Rubens, and several paintings by Madrazo, Sorolla, Vázquez Díaz and Cecilio Pla.

Illustrations

p. 40
Spring, oil on canvas by Giuseppe Arcimboldo (1527-1593).

p. 41
Portrait of *Fray Jerónimo Pérez*, oil on canvas by Francisco de Zurbarán (1598-1664).

p. 42
Susanna the Chaste or *Susanna and the Elders*, oil on canvas de Peter Paul Rubens (1577-1640).

The Sorolla Museum

In 1909, at the height of his career, Joaquín Sorolla acquired a site in the Chamberí district and commissioned Enrique María de Repullés to draw up the project for what would be his studio-mansion. The artist was personally involved in the design of the work, and he modified the project several times. At the end of 1911, Joaquín Sorolla and his family were at last able to move into the huge neoclassical building. In the midst of spacious Andalusian-style gardens, the construction consists of two clearly distinct elements: on the one hand the dwelling itself, consisting of a ground floor with the common rooms and a first floor with four bedrooms; on the other hand, and directly accessible from the garden, the artist's work area: three successive high-ceilinged studios. Thanks to the generosity of his widow and children, who transferred the building and the artist's works to the State, the mansion now houses the *Museo Sorolla*.

Born in Valencia in 1863, Joaquín Sorolla Bastida was the painter of Mediterranean light. He was gifted with an absolutely unique talent for capturing the luminosity of the beaches of the Spanish Levante, as well as for composing scenes featuring bathers, such as *Stroll beside the Sea* and *Little Boy with Sailing Dinghy,* and fisherfolk, like *Valencian Fishergirl* and *The Return from Fishing*. Aged twenty he moved to Madrid, where at the Prado he discovered the painting of Velázquez, which exerted a substantial influence on the composition of his own canvases. In 1885 he travelled to Rome and Paris, the latter city at that time the world capital of art. There he discovered the delicate way in which Northern European painters treated light as well as the techniques applied by the first impressionist painters. Luminism, dynamic composition and Impressionism therefore constitute the elements that configured the painter's highly personal style.

The Museum occupies the artist's three studios, which were originally and respectively a storeroom for materials, an exhibition hall and the painter's own atelier. This latter space is of particular interest, with its original decor, the different sources of light (big windows and a skylight) and the easels with half-finished paintings to which Sorolla would apply himself according to the dictates of his inspiration.

The visit continues into what was the former family home. On the ground floor, the original furniture and the collection of works that the artist gradually put together throughout his life have all been respected, while the floor above, which once housed the bedrooms, has been converted into four exhibition halls containing works by the artist, including the preliminary sketches for the mural that Sorolla painted for the Hispanic Society of New York.

Illustrations

p. 43
Self Portrait, oil on canvas by Joaquín Sorolla y Bastida (1863-1923).

p. 44
Valencian Fishergirls, oil on canvas by Joaquín Sorolla y Bastida (1863-1923).

p. 45
The Pink Robe, oil on canvas by Joaquín Sorolla y Bastida (1863-1923).

The Lázaro Galdiano Foundation

José Lázaro Galdiano (1862-1947) was a financier, collector and art critic who devoted his life to protecting the Spanish artistic heritage and recovering it from the hands of foreign dealers and collectors. In 1903 his marriage to Paula Florido, an Argentinean widow who, like him, was a collector and possessed a considerable patrimony, placed him in contact with international art markets. Together they had the neo-renaissance *Parque Florido* mansion built on Calle de Serrano, which as from 1909 would be their home, the ideal setting in which to exhibit their collections and a centre for soirées attended by the most select intelligentsia of the period. On his death, in 1947, the patron bequeathed his estate, including the mansion, his fabulous collection of canvases, his publishing house and his library to the Spanish State. In 1951, after the building had been meticulously adapted by the prestigious architect Fernando Chueca Goitia, the *Museo Lázaro Galdiano* was opened in what had been his residence.

The financier's collections include his extraordinary library and embrace the fine arts – paintings, drawings, prints and sculptures – and items of the applied arts, such as jewellery, enamels, ceramics, clocks, weapons and suits of armour. When it came to putting his collections together, Lázaro Galdiano was guided by highly eclectic criteria in which appreciation of beauty prevailed. Thus the items in his collection range from canvases by highly valued painters to nineteenth-century jewellery. Nonetheless, what most attracts visitors is undoubtedly his fabulous collection of paintings: some 750 canvases among which the Spanish school predominates. The major protagonist of the collection is Francisco de Goya y Lucientes, by whom engravings and canvases exhibited here that are so representative of his oeuvre include *The Witches' Sabbath*, *Magdalene Penitent*, *The Witches*, *The Threshing Floor* and *The Ill-Matched Marriage*. Other painters from the Spanish school exhibited at the Museum include El Greco (*St Francis in Ecstasy*, *The Adoration of the Magi*), Murillo (*St Sebastian as a Young Boy*, *Santa Rosa de Lima*, *St Joseph with the Child*), Zurbarán (*Our Lady of Mercy*) and Luis Paret (*Duck Shooting in the Albufera*). The collection also contains works by other European painters, such as Bosch, Tiepolo, Naccherino and Constable. One of the most famous works at the Museum is *The Saviour as an Adolescent*, a highly delicate portrait attributed for a long time to Leonardo da Vinci, although it is in fact by his pupil Giovanni Antonio Boltraffio.

Illustrations

p. 47
Christ in Benediction, *cloisonné* enamel (XI-XII centuries).

p. 48
Interior of the *Fundación Lázaro Galdiano*, in which we appreciate the richness of the collections of objects of applied arts.

p. 49
St John the Baptist in Meditation, oil on panel by Hieronymus Bosch, known in Spain as El Bosco (1450-1516).

CULTURAL CENTRES

The Fine Arts Circle

In 1880 a small group of artists founded a private club with the aim of exhibiting and selling their works. That same year, membership grew to the extent that they decided to convert the club into the *Círculo de Bellas Artes* (Fine Arts Circle), an entity devoted to cultural dissemination, particularly of the plastic arts. In 1919, architect Antonio Palacios won the competition for the definitive premises of the *Círculo* on Calle de Alcalá. The building conceived by Palacios is a multi-purpose one, with rectangular spaces differentiated in terms of volume and height depending on the characteristics of each storey. The ground floor accommodates the vestibule, the spectacular staircase, the exhibition and conference halls and the *La Pecera* cafeteria. The first floor features a succession of rooms for social gatherings and lectures, and the Fernando de Rojas cinema-theatre. Of the two attics, the first houses the library and the conference room, while the second contains the Columnas and Antonio Palacios salons as well as a recreation area with its billiard room. At the very top there are two floors with terraces, exhibition rooms and workshops. The building is surmounted by an elegant tower and a spacious terrace, open to the public, crowned by an imposing bronze statue of Minerva, the work of Juan Luis Vasallo. In 1981 the building was declared a National Historical Monument and has undergone several remodelling operations, notably the one conducted in 1995 by architect Mas-Guindal. In 1983 the *Asociación de Artistas Plásticos* decided to bring the *Círculo* up to date by opening it to the people of Madrid and to the latest international trends in art, fostering cultural activities to establish a fruitful dialogue with the city. The *Círculo de Bellas Artes* (CBA) offers an interesting year-round programme of cultural activities ranging from lectures, congresses and workshops to concerts, theatre and dance performances, recitals and exhibitions of painting, sculpture, engraving, drawing and photography. The CBA issues the journal *Minerva* and has not only its own publishing house but also its own radio station. Over the years it has gradually accrued a substantial art collection, with works by artists such as Benlliure, Madrazo, Rusiñol, Saura, Chillida, Equipo Crónica and Miró. The library, which specialises in art history and theory, contains approximately 20,000 volumes. On those days when the sky might have been painted by Velázquez, we strongly advise visitors to climb up to the roof terrace and contemplate the Madrid skyline at sunset.

Illustrations

p. 53
The *Círculo de Bellas Artes* building, by Antonio Palacios, surmounted by the spectacular statue of Minerva, the work of Juan Luis Vasallo.

p. 54-55
Panoramic view of the Madrid rooftops from the flat roof of the *Círculo de Bellas Artes*, accessible to the public.

CaixaForum Madrid

This cultural centre conceived and run by the Catalan *Caixa d' Estalvis i Pensions* savings bank stands on Paseo del Prado, in the 'Art Triangle' whose sides are formed by the *Museo del Prado*, the *Museo Centro de Arte Reina Sofía* and the *Museo Thyssen-Bornemisza*. Its premises formerly housed the *Mediodía* electricity power station, one of Madrid's few modernist industrial buildings, an 1899 project by architect Jesús Carrasco y Encina and engineer José María Hernández. The building comprises two twin naked brick naves on a granite base. The refurbishment operation needed to adapt it to its new purposes was carried out between 2001 and 2005 by Swiss architects Jacques Herzog and Pierre de Meuron, who decided to eliminate the granite base and preserve the façades of both naves, leaving them as if suspended in the void over an open plaza stretching to Paseo del Prado, where the main entrance is located. The architectural element that predominates in the project is the triangle, which appears in the form of slabs both on the floor and on the false ceiling.

One of the elements most characteristic of the centre is the vertical garden which occupies one of the walls, a creation by French botanist Patrick Blanc. It is a green tapestry covering a surface area of 460 m^2 and consisting of 15,000 plants belonging to 250 different species. The vertical garden is not merely decorative, since it also provides highly effective heat and sound insulation.

CaixaForum offers the Madrid public all kinds activities related to culture. It has over 2,500 m^2 set aside for exhibitions, which in turn generate numerous supplementary activities, such as guided tours and short courses on the works exhibited. Its auditorium, with a seating capacity for 310, is the setting for lectures, concerts and debates. The centre has several multi-purpose halls for round-table debates and courses, and two audio-visual rooms where feature films and documentaries are shown. As a token of its social sensitivity, *CaixaForum* fosters recreational-educational programmes for youngsters, introductory workshops for the different artistic activities, guided visits to the exhibitions adapted for children and crash courses for teachers to help them initiate their pupils into the world of art in an entertaining way.

Illustrations

p. 57
Above, one of the exhibition halls, spacious enough to allow visitors to view the works from a distance; below left, the generous stained-glass windows in the *CaixaForum* cafeteria, which establishes an agreeable dialogue with the exterior; below right, view from above of the diaphanous staircase that links the different floors of the cultural centre.

p. 58-59
Great Upright Elephant, a seven-metre-high bronze sculpture by Miquel Barceló. The piece was placed in the square that provides access to the *CaixaForum* cultural centre and formed part of the exhibition dedicated to the artist.

Matadero Madrid

The nineteenth century saw the advent of the construction of municipal abattoirs in the big European capitals. They were normally located on the outskirts, but by the end of the twentieth century cities had grown so enormously that they became engulfed, to the extent that it was now advisable to build new facilities of this kind far from urban centres. Madrid, like Paris before it, has converted the naves of what was its former abattoir into a major cultural centre.

The Legazpi municipal abattoir occupies a site of 165,415 m², which accommodates a set of naves in the neo-Mudéjar style typical of industrial architecture of the late nineteenth and early twentieth centuries. The project was by Luis Bellido, who established the conditions that the plant was required to fulfil, and by engineer José Eugenio, a pioneer in Spain in the use of reinforced concrete, a material indispensable for the construction of the diaphanous naves conceived by Bellido.

Today, *Matadero Madrid* is defined as a Centre for Contemporary Creation and, in the words of Alicia Alonso, the Madrid city councillor responsible for Culture, must be 'a multidisciplinary centre with room for any creative discipline (from music to literature via architecture, dance, design, cinema or landscaping) and at the same time an interdisciplinary centre, where all activities may interact and be mutually enriching'. The great diaphanous naves have been adapted, respecting their original architectural structure, to provide the setting for cultural activities of all kinds. Thus the *El Español* naves have been refurbished as theatre spaces as part of an interesting collaboration between theatre director Mario Gas, stage designer Jean Luc Lecat, stage technician Francisco Fontanals and municipal architect Emilio Esteras. Another nave, refurbished by architect José Antonio García Roldán, houses *La Central del Diseño*, a potent centre for design and for dissemination of this activity run by the *Fundación Diseño Madrid*. The *Casa del Lector* is a centre for reading advancement in all its manifestations, with exhibitions, short courses, lectures, and literary creation and theatre arts workshops. The *Cineteca* sets out to address all aspects related to audio-visual creation, with the specific aim of becoming a worldwide reference point in the realm of the documentary, with a projections room and a film set. Contact between all theses nuclei of cultural production creates a form of synergy that fosters the creative capacity and the expressive force of each.

Illustrations

p. 61
Above, an exhibition of pop-art in one of the institution's spaces; below left, the brick façade of one of the naves of the former abattoir; below right, the silhouettes of a couple against the light compose a curious (and involuntary) ephemeral work of art.

p. 62-63
The posters announcing activities at the *Matadero* cultural centre enliven its nondescript wall in the manner of street art.

ROYAL SITES

The Royal Palace

The *Palacio Real* as we know it today was built in the eighteenth century on the site of the former *Real Alcázar*, an edifice that, in its turn, had been constructed on a medieval Moslem fortress. When in 1700 Philip V acceded to the Spanish throne as the first representative of the French Bourbon dynasty, he was staggered by the austerity of Castilian royal palaces. He had been raised at Versailles, the royal residence of his grandfather Louis XIV, the *Roi Soleil*, who had built the *château* as the most luxurious palace of the time and the envy of all other European courts. When on Christmas Eve 1734 the *Real Alcázar* was destroyed by fire, Philip V seized the long-awaited opportunity to build a palace worthy of an offspring of the French Royal House, commissioning the project from Filippo Juvara, a prestigious Sicilian architect. On the death of the latter, his pupil Giovanni Battista Sachetti took over and made major modifications to his master's plans. The result was a huge baroque-style palace surmounted by numerous statues that were later removed by Charles III to endow the building with a more neoclassical appearance. The entire construction is in stone and brick with vaulted ceilings to obviate the need for wooden beams, thereby evading the risk of fire. Unfortunately for Philip V, he was unable to see his dream come true, since he died before the works, which lasted seventeen years, were completed. The first monarch to establish his home in the *Palacio Real*, in 1764, was Charles III, who made a decisive contribution to its interior décor. It is to him that we owe the *Salón del Trono* (Throne Room), decorated with magnificent frescoes by Giambattista Tiepolo; the *Cámara del Rey* (King's Chamber), also known as the *Cámara de Gasparini* after the painter and stucco plasterer who decorated it; the *Sala de la Porcelana*, with pieces manufactured by the *Real Fábrica del Buen Retiro*; and the *Salón de Alabarderos* (Hall of Halberdiers), conceived by Sachetti as a ballroom and decorated with frescoes by Tiepolo. The palace has a total of 2,800 rooms, and all its successive occupants contributed to its décor. Thus, to Ferdinand VI we owe the *Capilla Real* (Royal Chapel), while it was Elisabeth Farnese who commissioned the design of the *Antiguo Cuarto de la Reina*, later altered by María Isabel de Braganza, the wife of Ferdinand VII. During the regency of María Cristina the *Biblioteca Real* (Royal Library) was created to house the book collections of the Spanish royal family, and it was Charles IV who had the neoclassical *Salón de Espejos* (Room of Mirrors) built. The *Palacio Real* also has a splendid collection of Stradivarius violins and, in the *Armería Real* (Royal Armoury), a unique collection of suits of armour, among them those of the Spanish monarchs, dating from the fifteenth to the eighteenth centuries.

Illustrations

p. 67
Above left, façade of the *Palacio Real* seen from the Cathedral of Santa María la Real de la Almudena; below left, the *Salón de Gasparini*, with its stucco dome and spectacular floor mosaic; above right, *Religion Protected by Spain*, a fresco on the dome above the main staircase, the work of Corrado Giaquinto (1700-1765); below right, the Throne Room.

p. 68-69
West façade of the *Palacio Real*, with the Cathedral of Santa María la Real de la Almudena on the right of the picture.

Aranjuez

In 2001 UNESCO included the town of Aranjuez in the World Heritage List as a cultural landscape, that is, as a territory in which interaction between man and nature has created an environment of rare beauty and perfect balance. It was the Catholic Monarchs who decided to convert one of the properties of the Order of Santiago into a leisure palace, while at the same time commissioning the first of the numerous gardens of the town, the *Jardín de la Reina*. Their successor, Charles I, created the *Real Bosque* and the *Casa de Aranjuez*, conceived respectively as a game reserve and hunting lodge. The initiatives of his son, Philip II, were decisive to the configuration of the complex of gardens and palaces. Not only did he order his favourite architects, Juan de Herrera and Juan

Bautista de Toledo, to build the *Palacio Real*, but also, in accordance with his scientific curiosity and love of study, had his official representatives in the Americas send him plants from that continent to create the *Jardín de la Isla*, Europe's first botanical gardens. In 1625 Philip IV ordered the construction on the island in the middle of the Mar de Ontígola (a reservoir that provided Aranjuez as a whole with water), an islet with an arbour and a jetty. Members of the royal family liked to sail on the artificial lake on boats that may now be admired at the *Museo de Falúas Reales de Aranjuez* (Royal Barge Museum of Aranjuez).

The arrival of the Bourbon dynasty also had a notable influence on the monumental and botanical complex. Accustomed as he was to his yearned-after Palace of Versailles, Philip V demolished the former *Casa de la Maestranza* and extended the *Palacio Real*. His son, Ferdinand VI, not only reconstructed the *Palacio Real* after it had been ravaged by fire but also commissioned architect Santiago Buenavía to build the Church of San Antonio and, above all, to design and create the town of Aranjuez, the work of the same architect. This explains the stylistic homogeneity of the town, which fortunately has remained intact until the present day. Charles III, the King of the Enlightenment, in his endeavour to foster the scientific study of agriculture, created the *Real Cortijo de San Isidro* and the *Campo Flamenco de Otos*, irrigated by an efficient network of channels. It was also this enlightened monarch who built the Hospital of San Carlos Borromeo, the Monastery of San Pascual Bailón, a new hospice and the two wings of the *Palacio Real*. Lastly, Charles IV was responsible for the construction of the *Casa del Infante*, the *Palacio Godoy*, the Palace of the Duques de Medinaceli, the *Casa del Labrador* and many of the fountains and ponds.

Illustrations

p. 71
Above left, the Fountain of Ceres, in the eastern parterre of the palace; centre left, the Ballroom in the *Casa del Labrador*; below left, panoramic view of the *Palacio Real*; above right, the Porcelain Room in the *Palacio Real*; below right, the Queen's Chamber or Isabella II's music room.

p. 72-73
The elegant main façade of the *Palacio Real de Aranjuez*.

The Royal Site of San Lorenzo de El Escorial

On August 10 1557, the Feast Day of St Lawrence, Philip II's army defeated the French at San Quintín. To commemorate this victory, the Spanish monarch decided to build a monastery in honour of St Lawrence. His intention was to create an architectural complex to serve the threefold purpose of royal pantheon, palace and Hieronymite abbey. To this end, Philip II chose a site near Madrid that encompassed the La Herrería forest, the village of La Fresneda, the El Campillo estate, the Monesterio farmstead and the municipal district of El Escorial. Besides the architectural complex, the monarch planned the surrounding terrain in accordance with landscaping criteria of astonishing modernity. The royal pantheon-abbey-palace stood in the midst of spacious renaissance-style gardens that extended, the further away they stretched from the buildings, into a natural forest and practically intact meadow environment. The project was commissioned from Juan Bautista de Toledo and the foundation stone laid on May 9 1563. On the death of the architect, Juan de Herrera took over and substantially modified the project, invariably with the approval of Philip II, who made his personal contribution to the conception of the work. The last stone was finally placed on September 13 1584, twenty-one years after work had begun.

The renaissance-style monastery has a rectangular ground plan with a square tower at each corner, thereby evoking an upside-down gridiron, the utensil on which the saint was burned to death. The façades are of a simplicity and austerity broken only by the lines of the windows. Not even the corner towers stand out to break the uniformity of the façades. The only exception is the main entrance, whose three doors are enhanced by one pediment each. The central body of the monastic complex comprises the church-pantheon, the nucleus of the royal residence and the *Patio de los Reyes*, around which the dependencies of the monastery are arranged. For the decoration of the palace and the monastery, Philip II turned to Italian painters of the calibre of Tibaldi, Cambiaso and Zuccaro. The palace also houses paintings by Bosch and El Greco, a collection of sixteenth-century Venetian painting and, in what is known as the Eighteenth-Century Palace, tapestries based on cartoons by Francisco de Goya. The palace complex is completed by two works by the great court architect of the eighteenth century, Juan de Villanueva: the *Casita del Infante*, otherwise known as the *Casita de Arriba*, and the *Casita del Príncipe*, built respectively for the son of Charles III and for Charles IV.

Illustrations
p. 75
Above, the central pavilion in the Patio de los Evangelistas, with sculptures of St Matthew, St Luke, St Mark and St John; below left, *Salón de Embajadores* in the *Cuarto Real*; below right, *Salón de los Impresos* in the *Real Biblioteca*.

p. 76-77
Aerial view of the monastery, in which we appreciate its form as an upside-down gridiron.

The Royal Site of El Pardo

The Royal Site of El Pardo is located in the extensive, 16,000-hectare woodlands that lie 10 km north-west of Madrid. The monumental complex comprises the Palace of El Pardo, the *Casita del Príncipe*, *La Quinta* and the Palace of La Zarzuela. The Palace of El Pardo was built in the sixteenth century by Charles I, who commissioned the project from Luis de Vega. The architect took advantage of the existing foundations of the former hunting lodge that Henry IV had ordered to be built in the fifteenth century, which conditioned the overall structure: a square ground plan with corner turrets and surrounded by a moat. Unfortunately, in 1604 a fire destroyed the exquisite Italian decor commissioned by Philip II as well as numerous works of art, including canvases by Titian, Moro and Coello. Today, the Royal Palace houses valuable tapestries based on cartoons by Bayeu, Castillo and, above all, Francisco de Goya, from whom Charles III commissioned five series. The Palace contains valuable pieces of eighteenth-century and nineteenth-century furniture and its décor includes canvases by Juan de Flandes, Ribera, Carducho and Cabrera. The ceiling, which survived the 1604 fire, was painted by Gaspar Becerra.

The *Casita del Príncipe* was built by Charles III at the end of the eighteenth century for his heir, the future Charles IV. The monarch commissioned the project from the court architect, Juan de Villanueva, who designed a single-storey, five-bay mansion of granite and brick, with neoclassical grid-shaped gardens in front of the main façade. The vaulted ceilings are decorated with paintings by Mariano Salvador Maella, Francisco Bayeu and Vicente López, and the mansion contains an extraordinary collection of portraits by Anton Raphael Mengs. Both its architecture and its décor are perfect examples of the transition from the Baroque to Neoclassicism, a transition that Villanueva handled with genuine mastery.

The *Palacio de la Quinta* was constructed in 1717 by the Duke of El Arco, who sought his inspiration for it in the nearby *Palacio de la Zarzuela*. The building has a ground floor, a semi-basement for domestic utilities and a loft with accommodation for the servants. It stands in the midst of neoclassical-style gardens designed by Frenchman Claude Truchet. On the death of the duke in 1745, his widow donated the mansion to Philip V.

Lastly, the *Palacio de la Zarzuela*, built in the seventeenth century, was totally destroyed during the Civil War (1936-1939) and subsequently reconstructed. It is the current residence of the Spanish royal family and as such, needless to say, is closed to the public.

Illustrations

p. 79
Above left, the Patio de los Austrias; above right, Juan Carlos I's office, from the time when he was still a prince; below left, the former dining room, with frescoes by Juan Gálvez (1774-1846); below right, Charles IV's theatre.

p. 80-81
Main façade of the *Palacio del Pardo*.

SINGULAR MADRID

The *Rastro*

This bustling street market has nothing to do with monumental Madrid, with the capital of the kingdom that throughout its history has built palaces and monasteries, museums and major cultural centres. It is a popular manifestation, a must for those who seek to familiarise themselves with the innards of Madrid, with its genuine heartbeat. The *Rastro*, that huge open-air bazaar, was created over 250 years ago in the Ribera de Curtidores, near the former abattoir, then located at the Puerta de Toledo. When dragging dead animals to the butchers' shops, the slaughtermen left a trail (*rastro*) of blood on the ground, hence the name of the market, which was originally called *El Baratillo*. Since its very inception, the authorities have endeavoured to delimit and regulate the activities of the market, but it seems to have a life of its own, beyond the reach of institutions, and has invariably resisted any form of control.

Every Sunday and bank holiday, some 3,500 tradespeople set up their stalls to sell all kinds of objects, particularly second-hand articles from vacated flats, from shops that have gone bankrupt, or which have reached the market having covered one of the thousand routes along which this kind of merchandise travels.

There are those who seek a specific product, like the numerous collectors who gather there to rummage through the most unsuspected objects, but those who predominate are the casual visitors who look for nothing in particular, those whose only intention is just to nose around and let themselves be carried away by the vitality of the *Rastro*, the staggering variety of articles on sale, the spirited haggling, the speed with which the quick-witted seller spots real interest in a particular object on the face of a potential buyer, interest that will subsequently determine the price.

One of the charms of the market is the fact that whether they like it or not, visitors will always come across something unexpected. Those who go for books will come out with a lamp from the sixties they hadn't seen since their childhood; those who look for a piece of bargain furniture will come back with it… and with that hat they always wanted but never dared to buy. And others will discover a collection of vinyl LPs identical to the one they put together as teenagers, and which had become lost in removals or after divorce.

They say that in order to know a city well you must visit its markets and cemeteries. To get to know Madrid well, there is nothing better than letting oneself be absorbed by the pandemonium (one hundred thousand visitors every bank holiday) of the *Rastro*, at once the fair and the cemetery of all the vanities of Madrid.

Illustrations

p. 85-86-87
Like in the Lord's vineyard, there is something of everything in the *Rastro*, from Sunday strollers to typical organ grinders and, above all, stall after stall displaying the most unexpected products.

The San Miguel Market

Nothing reflects the mood of a city better than the way in which its people buy and sell food, except, perhaps, the way they cook and sample it…

As from the last decades of the twentieth century, the revolutionary markets consisting of metal structures that created huge diaphanous spaces were hit by a crisis. Competition from the big shopping centres on the outskirts of cities and from supermarkets within the urban limits was gradually stealing their customers. It was a question of 'renovate or perish', there was no other alternative. This is how the retailers at the San Miguel Market saw things, and in 1999, together with the Madrid City Council and the European Union they co-funded the complete restoration of its architecture to reconstitute its original splendour.

Even so, and despite this initiative, activity at the Market continued to languish until an association was created, *El Gastrónomo de San Miguel*, which took control and embarked on a total renovation project. They began by defining the product: they would no longer sell food, but gastronomy. After a long drawn-out process in which the interior was rearranged, the Market opened its doors once again in 2009, now governed by a new set of commercial criteria. Besides selling foods, a number of stalls offered customers the opportunity to taste them before buying them. The Market also accommodates numerous highly specialised eateries, many of which are open until two in the morning: bars that serve exquisite *tapas*, a Viennese patisserie, a *chocolatería* at the *Horno de San Onofre* bakery and several stalls where they serve generous portions of oysters. Only items of haute cuisine and produce in season are sold there, not that this means that prices are exorbitant: beside the oyster stalls visitors may find a stand where they sell humble cooked pulses; but rest assured that they have been selected in accordance with the highest quality standards. Besides selling and providing tasting opportunities, the Market sets out to serve as a gastronomic information centre. Thus, not only does it accommodate a bookshop specialising in culinary subjects and a magnificent kitchen utensils shop, it also holds events related to gastronomy, such as short courses and wine-tasting or olive oil-tasting sessions, cookery classes, talks and book presentations. According to those in charge of the Market, this is only the beginning: they have the imagination, the will and the energy needed to revolutionise the capital's gastronomy to the point where it will become a European benchmark in this field.

* Café specialising in hot chocolate.

Illustrations

p. 89
Above left, detail of the metal structure of the market roof; below left, the market exterior, which has been totally restored; right, one of the numerous *tapa* bars.

p. 90-91
At the market haute cuisine products may either be purchased or sampled *in situ* at the numerous tables provided for this purpose.

The Old Established Shops and Establishments

Alongside the Madrid of the court nobility, of high-standing officials and the financier aristocracy, there was and has always been a popular, bustling Madrid, a traditional Madrid that frequents its taverns and those picturesque, timeless commercial establishments that continue to resist being erased from the map by the great franchises.

In the fifteenth and sixteenth centuries, Calle Cava Baja had numerous inns, many of which have now been converted into *tapa* bars. Many preserve the original décor or, at least, the new décor has been adapted to traditional atmosphere of the district. Particularly striking are the variegated tiles on the façade of *La Chata*, a small restaurant that serves exceptional roast sucking pig. On the same street stands the Juan Sánchez esparto goods store, one of the last establishments of its kind still surviving in Madrid, where it is also possible to obtain oak barrels, drinking jugs, wineskins and a host of other rustic articles. Without leaving the Madrid of the Austrians, curious visitors will come across the tavern of Antonio Sánchez, founded by a *picador* in 1830 and since then invariably linked to the world of bullfighting. It still preserves the original décor from the days when painter Ignacio Zuloaga held his soirées here. In the Chueca district the *Carmencita* tavern opens its doors every day, an establishment whose current owner has restored the refined décor of the period when Benito Pérez Galdós frequented it.

Far removed from the world of bars and restaurants, the *Real Botica de la Reina Madre* pharmacy, the oldest of its kind in Madrid, was opened in 1578. Its shelves and back shop preserve an impressive collection of apothecary jars, some of which date back to the days of the Catholic Monarchs, as well as an extensive catalogue of ancient treatises on pharmacopoeia. On one of Europe's most expensive shopping streets, Calle Preciados, stands the *Sanatorio de Muñecas* (Doll Hospital), a store-workshop where, since 1916, several generations of craftsmen have been selling and repairing all kinds of toys, dolls in particular.

A number of food stores have also managed to keep their original spirit alive. A good example is the *Jamonería López Pascual*, the oldest in Madrid, founded in 1919 in the Malasaña district, where ham is pampered to unbelievable extremes. Another example would be the *Horno del Pozo* bakery, founded in 1830 and thus named by virtue of its location on the central street of the same name.

Illustrations

p. 93
Above, *Casa Alberto*, a traditional tavern with all the flavour of old Madrid; below left, *Antigua Casa Crespo*, which specialises in the manufacture and sale of espadrilles and hand-made esparto articles; below right, display window of the *Gil* mantilla store.

p. 94-95
Naïf design and boundless imagination on old Madrid shop signs.

The Cafés

In an era when men and women practically lived separate social lives, many cafés eventually became the genuine home for many adult males. Fortunately, times have changed and men and women now share an increasing number of activities; luckily, however, some cafés have remained unchanged except for the greater female presence, and they have managed to preserve the décor and that special atmosphere that it is so difficult to create. Madrid hosts a set of establishments where, as in the past, you can while away the hours leafing through a newspaper, engaged in relaxed friendly conversation or having a coffee as you watch the world go by.

Probably the capital's most famous establishment of this kind is the *Café Gijón*. Located on Paseo de Recoletos, it was opened in 1888 by an *indiano** from Asturias who named it after that city in the Principality. From the very outset, the café secured a highly select clientele. Its patrons included the cream of Spanish intelligentsia: writers like Ramón María del Valle-Inclán, Ramón Gómez de la Serna, Pío Baroja, Benito Pérez Galdós and Jacinto Benavente and scientists of the calibre of Santiago Ramón y Cajal, Severo Ochoa and Gregorio Marañón. The café also constituted the meeting place of the legendary 1927 Generation, with figures such as Federico García Lorca, Salvador Dalí, Luis Buñuel, Gerardo Diego, Rafael Alberti, Manuel Altolaguirre and Vicente Aleixandre. Today it continues to maintain the tradition of providing the setting for soirées attended by our most prestigious men of letters, like Arturo Pérez-Reverte, Manuel Vicent and Mario Vargas Llosa.

The *Círculo de Bellas Artes* also accommodates a splendid café, with high ceilings decorated with frescoes and sustained by elegant columns with gilt capitals. Like the *Café Gijón*, it is also frequented by intellectuals, painters and sculptors predominating over writers. In any case, the policy fostered by the *Círculo* of attracting as wide a public as possible has greatly diversified its patrons. The establishment has very comfortable armchairs —few and hotly disputed—, although its normal chairs are also very comfortable. In summer it has a very pleasant small open-air terrace surrounded by plants.

Opened in 1887 on its current premises, in Glorieta de Bilbao, the *Café Comercial* is one of the oldest in Madrid. It underwent comprehensive restoration in 1953, though its modernist atmosphere, with polychrome columns and big mirrors, was scrupulously respected. Chess enthusiasts head straight for the first floor, where they can engage in their pastime, since this is the venue for the *Club de Ajedrez Café Comercial*.

* *Indiano*: the name given to Spaniards who made their fortunes in the American colonies and then returned home.

Illustrations

p. 97
Above, the *Círculo de Bellas Artes* café combines warm, comfortable interior décor with avant-garde design and the presence of works of art; below

left, the *Café Delic*, which specialises in pastries, in the typical Plaza de la Paja; below right, the time-honoured façade of the *Café El Parnasillo*.

p. 98-99
Details of different cafés in the capital: *Café de Gijón* (p. 96, above), *Café del Príncipe* (p. 96, below), *Bar La Realidad* (p. 97, above), *La Taurina* (p. 97, below left) and *Museo Chicote* (below right).

Flamenco and Jazz

Although it has no sea, Madrid is the Spanish port where the greatest amount of fish is landed every day. Likewise, the capital of Spain loves to become, from time to time, the world capital of flamenco, with the permission of Seville and a host of other Spanish cities with the right to claim this honour. Occasionally, the breakwater of all Spains likes also to become seeped with the music of New Orleans. Might we not say that jazz and flamenco, the folk song and blues are different musical ways to express the same feelings?

The *Corral de la Morería*, on the street of the same name, is regarded as the best *tablao** in the world. Having nothing to do with shows put on for tourists, at the *Corral* only the cream of flamenco performs. Here follows a number of associated names: in the first place its artistic director, the brilliant *bailaora* (flamenco dancer), choreographer and entrepreneur Blanca del Rey, holder of the *Premio Nacional de Flamenco* (National Flamenco Award). The list of figures who have performed at the *Corral* is truly impressive: Pastora Imperio, *La Chunga*, Antonio Gades, *Fosforito* and María Albaicín, among many others. To make the temptation irresistible, the *Corral* restaurant has one Michelin star.

1970 saw the opening in Madrid of the *Café de Chinitas*, which took its name from a Málaga *tablao* that had ceased to exist. It was founded by an association of Madrid entrepreneurs with the inestimable collaboration of the great dancer *La Chunga*. It is located in the basement of an eighteenth-century palace and decorated with bullfighting and Andalusian motifs. It also serves suppers. Figures who have performed on its stage include María Albaicín, Carmen Mora, Pastora Imperio and *La Chunga* herself.

As regards the musical style that one music critic dared describe as 'the flamenco of the Afro-Americans', that is, jazz, Madrid has a set of excellent venues that organise high-quality programmes. Probably the most famous is the *Café Central*, in Plaza del Ángel, opened in 1982 by a group of young jazz enthusiasts. Groups play there live for one week, thereby giving all their fans a chance to see them. It also functions as a restaurant. For its part, the *Berlín Jazz Café* may claim to be the most veteran of the city's jazz clubs. It was founded in 1971, and its exquisite modernist décor was respected when the venue was thoroughly restored in 2011. It offers not only jazz but also other musical styles every night. *Populart*, the youngest and possibly most enthusiastic of the jazz venues mentioned here (it was opened in 1996), offers sessions by the best Spanish and international jazzmen.

* *Tablao*: venue where flamenco is performed.

Illustrations

p. 101
The shadows of the musicians and their instruments etch out the jazz riffs on the *Círculo de Bellas Artes* wall.

p. 102-103
Flamenco and blues, two deeply ethnic forms of musical expression, have taken root in Madrid.

PARKS AND GARDENS

The El Retiro Park

The origins of the *Parque del Retiro* date back to the palace and gardens that Philip IV had built in the eighteenth century. Since then, and until it fell into municipal hands in 1868, almost all Spanish monarchs left their imprints on the Park. It is to Philip IV that we owe the *Teatro del Buen Retiro*, which no longer exists, the *Casón del Buen Retiro* and the *Salón de Reinos*, now dependencies of the Prado Museum; to Philip V the *Parterre*; to Charles III the *Real Fábrica de Porcelana* and to Charles IV the *Observatorio Astronómico*, the work of Juan de Villanueva. In 1808 the palace and gardens were occupied —and devastated— by the French troops, so that at the beginning of the reign of Ferdinand VII the palace was in ruins. This monarch began its refurbishment and commissioned a set of leisure facilities, such as the *Casa de Fieras* (House of Wild Beasts), the *Real Embarcadero* (Royal Jetty) and the *Jardín de Caprichos* (Garden of Whims), of which the *Casita del Pescador* (Fisherman's Hut) and the *Montaña Artificial* (Artificial Mountain) have survived to this day. In 1868 the Park became municipal property and the gardens were opened to the public. On the occasion of the 1887 Philippine Isles Exhibition, the *Palacio de Cristal* (Crystal Palace) was built.

Having crossed the threshold of the Puerta de España, the gateway into *El Retiro* from Calle Alfonso XII, we come to Paseo de la Argentina, otherwise known as Paseo de las Estatuas, where on either side of the central parterre the statues of the kings of Spain succeed each other that were conceived originally to stand in the *Palacio Real*. One of the largest sculptural groups in the Park is the monument to Alfonso XII, consisting of a great colonnade encompassing the equestrian statue of the monarch, the work of Mariano Benlliure. Over the centuries, some sectors of the Park have been adorned with monumental fountains; for example, the *Fuente de la Alcachofa* (Fountain of the Artichoke) was created on the occasion of the construction of the *Salón del Prado*, during the reign of Charles III. In 1885 the *Fuente del Ángel Caído* (Fountain of the Fallen Angel) came to occupy the space where the Porcelain Factory had stood until it was destroyed during the Peninsular War. The dramatic figure of the angel, stretched out on the rocks with his wings outspread, is dragged downwards by a huge serpent coiled around his body.

Another element of singular beauty in the Park is *La Rosaleda*, designed by Cecilio Rodríguez, director of the Department of Madrid Parks and Gardens in 1915, who sought his inspiration in the rose gardens so much in vogue at that time in the parks of European capitals.

Illustrations

p. 107
Above, detail of the French-style gardens in El Retiro; below, the monument to Jacinto Benavente, who was awarded the Nobel Prize for Literature in 1922.

p. 108-109
The *Palacio de Cristal*, built on the occasion of the 1887 Philippines Exhibition.

The Royal Botanical Gardens

During the reign of Charles III, and as part of his project for improvements to and the extension of Madrid, work began on the new botanical gardens on their present site, Paseo del Prado. Between 1774 and 1781 the project was entrusted to architect Francesco Sabatini and botanist Casimiro Gómez Ortega; however, the definitive design is by court architect Juan de Villanueva, who between 1785 and 1789 endowed the gardens with their form: on an octagonal layout he placed square parterres, each one set aside for a specific thematic area.

In the nineteenth century, despite the fact that the Botanical Gardens had come to figure among the most important in Europe, their surface area was reduced due to the construction of adjacent buildings and the widening of avenues. The upper terrace, called the *Terraza del Plano de la Flor*, was remodelled with the alteration of Villanueva's gridiron layout and the placement, on the central axis, of the pond and the arbour. The twentieth century witnessed further remodelling operations: in 1978 landscape gardener Leandro Silva Delgado began meticulous recuperation of the original layout together with architect Antonio Fernández Alba, who remodelled Villanueva's original pavilion. In 2005 the latest extension was carried out with the incorporation of some 7,000 m^2, thereby allowing architect Pablo Carvajal and landscape gardener Fernando Caruncho to build the promenade called the *Terraza de los Laureles*.

The Botanical Gardens currently accommodate some 5,000 different species of trees and plants from all corners of the planet. The lower terrace, the *Terraza de los Cuadros*, features the collections of ornamental plants, of aromatic and medicinal herbs and of vegetable-garden produce, as well as the interesting rose garden. The *Terraza de la Escuela Botánica*, whose neoclassical structure has been preserved, exhibits collections of the different botanical families, ranging from the most primitive to the most highly evolved plants. On the *Terraza del Plano de la Flor* the curved flowerbeds alternate with small plazas –the *Glorieta de los Tilos*, the *Glorieta de los Plátanos* and the *Glorieta de los Castaños de Indias*— with the pond named after Linnaeus in the centre. The complex is framed by architectural elements such as Villanueva's pavilion, which hosts temporary exhibitions, and the Santiago Castroviejo Bolíbar greenhouse, which contains a substantial collection of exotic plants. The Gardens are completed by the interesting botanical collection at the *Herbario* (Herbarium), which contains specimens that date back to the eighteenth century.

Illustrations
p. 111
Four flower specimens at the *Jardín Botánico*.

p. 112-113
View of the English-style sector of the *Jardín Botánico*.

The La Arganzuela Park

This huge green zone forms part of a major project, the *Parque Madrid Río*, the aim of which is to convert the River Manzanares into an element of continuity between the urban centre and the peripheral green zones, while facilitating accessibility to and integration of the outlying districts. The original park was created in 1969 on what were then common pasture lands. Nearby stood the *Matadero Municipal* (Municipal Abattoir), a building that is now a cultural centre. The Park, with a total surface area of 232,700 m^2, consists of a number of interconnected spaces equipped with different facilities. It was designed as a unit that at the same time combines, alternates and intersperses natural landscapes characterised by a wide variety of ecosystems, ranging from Mediterranean and Atlantic forests to luxuriant riverside trees and patches covered with different species of aromatic plants. A number of paths allow visitors to walk through the Park from north to south. The 2,380-metre *Camino Lento* (Slow Path) runs through irregular relief, creating an itinerary with a succession of views of the river. The broader *Camino Rápido* (Fast Path) with gentle slopes has its starting point at the *Puente de Toledo* (Toledo Bridge) and ends at *La Plataforma*, a cultural facility. Both paths have been adapted for the use of cyclists. An extensive network of catwalks and bridges has been created to link the different sectors of the Park and to connect both banks of the Manzanares. One of the most imposing structures is the *Pasarela Arganzuela*, designed by the French architect Dominique Perrault. This catwalk consists of two conical elements with a structure in the form of a spiral and a wooden floor. It invites visitors to take a relaxing stroll and admire the exceptional views of the *Puente de Toledo*.

Water is an element inseparable from the Park. Several ornamental fountains provide the spectacle of eye-catching interplays of water that contribute to the prevailing atmosphere of peace and quiet. Furthermore, an urban beach has been created for the enjoyment of young people.

The different interconnected areas contain spaces set aside for recreational and sporting uses. There is one rink for skating and another for skateboards, a pitch for 7-a-side and 11-a-side soccer and three children's playgrounds.

Illustrations
p. 115
Water, either flowing beneath the *Puente de Toledo* (below) or through artificial channels, is the leitmotif of La Arganzuela Park.

p. 116-117
Skateboard rink in La Arganzuela Park.

The West Park

The first project for the *Parque del Oeste* dates from 1893, when the Mayor of Madrid was Manuel Mariátegui y Vinyals, Count of San Bernardo, although work did not begin until some years later, specifically in 1898, on a perimeter corresponding to the north bank of the San Bernardino rivulet.

At the beginning of the twentieth century and on the initiative of the then Mayor, Alberto Aguilera, it was decided to extend the Park towards the Príncipe Pío mountain. The extension was designed by Celedonio Rodrigáñez y Vallejo, an agricultural engineer at that time Director of *Jardines y Tierra Cultivada de la Villa de Madrid*. Between 1956 and 1973 the Park was further extended to occupy, at its southern end, the site of the former *Cuartel de la Montaña*, a building constructed in 1860 and destroyed during the Civil War (1936-1939).

Adapted to the irregular relief, the vegetation spreads out over slopes and hills unhindered by excessive geometrical restrictions. As they proceed along paths and tracks, visitors may contemplate several species of firs, cypresses, elms, acacias, pines, strawberry trees, cedars, aspens, chestnuts, walnuts and black poplars. Water is everywhere in the Park: in its oldest sector an artificial rivulet flows for a distance of some 600 m while ponds and fountains provide the finishing touches. Outstanding among the fountains are the *Fuente de la Salud*, a semicircular granite construction from the 1940s, and the one dedicated to the memory of the illustrious architect Juan de Villanueva. Other architectural and sculptural elements, in the midst of nature, complete the itinerary: the bandstand, the ceramics school and the *Casa de la Rosa*.

At the bottom end of the Park lies the *Rosaleda*, with over 16,000 rose bushes accounting for some 500 varieties. It was designed in 1956 by Ramón Ortiz, the city's head gardener. The garden contains several pergolas with climbing roses, lily ponds and a mural fountain designed and built by Lucio Oñoro. Every May several rose-growing competitions are held, such as the *Concurso Internacional de la Rosa Nueva* and the *Concurso Popular Rosa de Madrid*.

In 1972 the Temple of Debod, which was to have been lost under the waters of the great Aswan Dam in Egypt, was reconstructed and opened to the public in the *Parque del Oeste*. Its visit constitutes one of the high points of the itinerary and provides an exceptional vantage point from which to contemplate the capital's magnificent sunsets.

Illustrations
p. 119
Four views of the *Parque del Oeste*.

p. 120-121
Night falls over the Egyptian temple of Debod.

The *Casa de Campo* and Funfair

In 1561, when Philip II decided to establish the Court permanently in Madrid, he entrusted his secretary with the task of acquiring several estates through expropriation to enable him to create a forest that would serve as a royal game reserve. In 1567 work began on the project, transforming the former property of the noble Vargas family into a country mansion. Subsequently, gardens were designed as the grounds of the manor, ponds were built and trees were planted in those areas where they were sparsest. As from the reign of Philip IV, the reserve fell into a certain degree of decline, since the crown lost interest in the *Casa de Campo* when the Retiro palace and gardens were built. With the coming of the Bourbons, however, the *Casa de Campo* experienced a new era of splendour, since it was extended with the acquisition of new lands, the gardens were remodelled in accordance with the prevailing fashion, alterations were carried out on the manor and new irrigation canal systems were introduced. French troops who invaded Spain during the Peninsular War damaged both the mansion and the forested area; even so, it was during this period that the vaulted passage was built that links the Royal Palace with the *Casa de Campo*, near where Ferdinand VII ordered the construction of the *Puente del Rey*, a bridge that served the purpose of linking the built-up area with the gardens of the *Casa de Campo*. Throughout the nineteenth century, the Park continued to be reserved exclusively for the royal family, and a new lake was created so that its members may skate on its frozen surface in winter.

It was not until the proclamation of the Second Republic, in 1931, when the Park became the property of the Madrid City Council, that it was opened to the public in general. Today, at the *Casa de Campo* people may enjoy nature in its evergreen oak and pine forests, take relaxing strolls around its lake or take advantage of its sports facilities to engage in cycling, football, tennis, trekking or swimming, among other activities. 1969 saw the inauguration of the Funfair in the *Casa de Campo*, with spectacular attractions such as the *Abismo* roller coaster, the *Tarántula* and the *Tornado*, as well as water attractions like *Los Rápidos*, *Los Fiordos* and the *Aserradero* (Sawmill), popularly known as *Los Troncos*. Conceived for the little ones, attractions were created like the *Caballos del Oeste* (Horses of the West), the *Vagones Locos* roller coaster, the Overhead Train and the Ford T, which takes children on an evocative tour through their favourite stories.

Illustrations
p. 123
Water and vegetation endow the extensive grounds of the *Casa de Campo* with life.

p. 124-125
A panoramic view of Madrid, showing the cable railway suspended over the *Casa de Campo*.

AVANT-GARDE ARCHITECTURE

The Cuatro Torres Business Area

During the 2005-2006 season, the Real Madrid Football Club left its sporting complex that stood beside the Santiago Bernabéu Stadium to occupy new premises in Valdebebas. This move marked the beginning of one of the capital's most important urban development operations. The *Ayuntamiento* (City Council) of Madrid decided to take advantage of this opportunity to create a major business complex that would reduce the concentration of offices in the historic centre. The main aim here was to alleviate the traffic congestion in streets that had never been intended for motor vehicles.

The Cuatro Torres Business Area (CTBA) has become the symbol of modern urban development in Madrid. It consists of four soaring, strikingly avant-garde high-rise towers —the tallest in Spain— and a conventions centre, the latter still under construction. Each of these architectural elements is an independent project, although they have been coordinated to ensure that together they constitute a harmonious whole. Thus, the verticality of the towers contrasts with the prevalently horizontal surrounding architecture, including the conventions centre that stretches out at their feet.

The 250-metre high *Torre Caja Madrid* was designed by British architect Norman Foster. Its load-bearing structure comprises two lateral elements and a horizontal brace at the top that keeps them together. This framework supports three modules of 11, 12 and 11 floors each, which jut out from the front and rear façades like great cubes standing on excessively narrow shelves.

The *Torre de Cristal*, almost 250 m tall, is the work of Argentine architects Íñigo Ortiz, Enrique León and César Pelli. Of its 52 storeys, 47 accommodate offices while the remaining five are reserved for utilities such as air conditioning and heating. This tower, which is square at ground level, breaks this regularity with the creation of new angles and sloping façades as the building gains height. An exquisite botanical garden has been laid out on its flat roof.

The *Torre Sacyr-Vallehermoso* was designed by the Madrid Rubio & Álvarez-Sala partnership. It is a 236-metre high cylindrical tower of mixed use: of its 52 floors, 33 are occupied by a five-star hotel, the *Eurostars Madrid Tower*, with its 474 rooms the biggest in the capital.

The *Torre Espacio*, 223 m high with 57 floors, is by the New York studio of Pei, Cobb Freed & Partners. Its design is dazzlingly avant-garde: its ground plan, square at the bottom, traces out curves that by the time they have reached roof level have acquired the shape of a melon pointed at both ends.

Illustrations

p. 129
Above, panoramic view of the stylised towers; below, some of their geometrical details.

p. 130-131
The construction of high-rise towers has modified the capital's skyline in recent decades.

Avant-Garde Hotels

Like major corporations and municipal councils, hotel chains have discovered that commissioning prestigious architects to design their buildings makes a substantial contribution to promoting their corporate image. This strategy has been adopted by two chains, Silken and Room Mate, with hotels in Madrid whose architecture and studied interior décor constitute an added value to the quality of their service and the comfort of their facilities.

Major avant-garde works tend to be collective undertakings, true enough, although generally speaking there is an architect or team of architects who assume individual responsibility for the project. However the Hotel Silken, in Puerta de América, is an exception to this rule. To avoid the insistence on being in the forefront characteristic of the major architectural 'trade marks', the chain's board of directors proposed to create a truly collective work. Consequently, having designed the essential structure of the hotel, they selected a set of architects and designers whose only common denominator was brilliance. Each one was given carte blanche to develop a single floor. In this way, the hotel's 12 floors have been designed by genuine 'sacred cows' of contemporary architecture like Jean Nouvel, Zaha Hadid, Norman Foster and Arata Isozaki, and giants of design such as Javier Mariscal and Victorio & Lucchino. Thanks to the variety of materials, of colours, of forms and of ways to conceive hotel rooms this establishment is a must for all design lovers.

For its part, the Room Mate chain likes to individualise its establishments by giving them people's names. In Madrid, the Room Mate Óscar, in Plaza Vázquez de Mella, occupies a building from the 1970s which has been entirely refurbished by the brilliant interior designer Tomás Alía. A strikingly modern foyer welcomes guests, who are astonished by the rounded forms and the pastel and electric tones which, in subtle combination with black and white, tinge each of the floors with a different colour. The décor is defined by the forms of the furniture, by skilful light treatment and by a succession, highly unusual for an interior, of graffiti, large-format pictures and op-art figures. On the first floor, a multi-functional space (cafeteria, restaurant and cocktail bar) makes up for its small dimensions by the presence of a big window. The hotel is surmounted on the eighth floor by a magnificent swimming pool and a lounge with a black-and-white checkerboard floor.

Illustrations

p. 133
Light and the geometry of space, touches of brilliance on the part of the designers of the capital's modern hotels.

p. 134-135
The striking colours on the façade of the *Hotel Silken*, designed by Jean Nouvel, welcome travellers arriving from the airport.

The Bamboo House in Carabanchel

In August 2007 the then Mayor of Madrid, Alberto Ruiz-Gallardón, opened a strange state-subsidised housing block, hard by the Cuatro Vientos aerodrome in the district of Carabanchel. The entire building is a rectangular prism, which makes absolutely no concessions to the curve, and all its four façades are faced with a skin of bamboo strips which endows the block with a striking golden hue in a district dominated by naked brick buildings. In order visually to lighten this solid cubic block, the bamboo skin does not reach the ground, thereby seeming to suggest that the building floats.

There are no conventional signs of windows, the only apertures being the articulated shutters when they are opened by the occupants, thereby creating a disorderly geometry of black holes on what are otherwise uniform façades. Behind the bamboo wall there is an air chamber (balcony or terrace) which insulates the dwellings against heat, cold and noise from the street below. The design of the building, a project by the FOA studio run by Alejandro Zaera and Farshid Moussavi, was defined in accordance with two criteria. The first was of a budgetary nature, given the fact that the building is state-subsidised, and determined the austerity of the communal areas, minimalist of necessity, and the use of low-cost, long-lasting materials; the second criterion was of ecological sustainability and energy saving. Thus, all the flats open onto the front and rear façades to provide correct ventilation in summer and, consequently, saving in air-conditioning. The walls of the underground car park, following the same ecological principles, constitute a refreshing vertical garden. The housing block occupies less than 40% of the site: the rest is a green zone, children's playground and urban garden.

Nonetheless, there are those who question the viability of this building. Nobody knows for certain how long the bamboo shutters may last that endow the construction with its name and character, least of all in such an extreme climate as that of La Meseta, with freezing winters and sweltering summers. The atmosphere of Madrid, polluted by the fumes emitted by vehicles with combustion engines, constitutes a further aggressive element. Lastly, the uniformity of the bamboo skin is an almost irresistible temptation for the numerous graffiti artists who prowl the city at night.

Illustrations

p. 137
The open bamboo panels break the monotony of the façades.

p. 138-139
The building's sharply defined lines, enhanced by the panels of vertical bamboo, describe a refined geometrical composition.

The *Mirador* in Sanchinarro

Sanchinarro is a neighbourhood in the district of Hortaleza, in the north of Madrid, created at the beginning of this century as part of the capital's municipal *Programa de Actuación Urbanística* (Urban Development Programme). There stands, dominating a roundabout, the *Mirador* (Belvedere) building, a 21-floor, 63.4-metre high housing construction in the postmodern style. It was designed by MVRDV, a Dutch architecture studio which for this occasion was joined by local architect Blanca Lleó, who with her own associates supervised the work. The *Mirador* comprises nine blocks arranged around a large oblong gap that frames a beautiful view of the Guadarrama Mountains. Each of the blocks has its own design, which means that the building's 165 dwellings constitute nine different model groups. These blocks may be distinguished from the exterior by the different colours and textures of the materials that cover them (granite, tiling and so on), as well as by the distribution of volumes, as large boxes that jut out or are recessed, framed by the corridors painted bright orange. Indeed, the *Mirador* sets out to be a block of dwellings placed vertically in an urban extension. Each of the blocks would thus constitute a building with its corresponding flats, while the corridors would be the streets along which the residents walk. The gap, located on the 12th floor, is 13 m high, has an area of 580 m^2 and has a community garden, which would be like the green zone of the block of houses, with excellent views over the mountains. The fact that the construction is a vertical one also liberated a considerable portion of the site for public use.

The *Mirador* has an added value: it stands in a recently constructed district in which all the blocks are of the same height (six storeys), are built of the same material (naked brick) and are arranged in the same way (in closed blocks). This constitutes a monotonous urban landscape that offsets the uniqueness of this building even more strikingly.

Nevertheless, the *Mirador* has roused controversy, and not only for its aesthetics, which is essentially a matter of taste. Some occupants complain of serious deficiencies in the central heating system as well as of leaks, cracks and even of the occasional slate tile falling off the façade, errors attributable perhaps more to the builders than to the architects' brilliant project.

Illustrations

p. 141
The nine volumes that compose the building are distinguished by the different colours and the different materials employed.

p. 142-143
The blocks of dwellings are arranged around the gap in the middle of the building.

FEASTS AND FESTIVITIES

The *Verbena de la Paloma*

Immortalised in the zarzuela of the same name, the *Verbena de la Paloma* (Festival of the Dove) is held mid-August every year in the La Latina district. It was in 1790 when Isabel Tintero, who lived on Calle de La Paloma, saw some children playing with a canvas depicting Our Lady. Isabel took the painting from them and hung it at the entrance to her house. The neighbours progressively engaged in the ritual of going to her home to pray to the Virgin and soon votive candles and night lights appeared there and the custom was established of local mothers presenting their newborn babies to the image.

Much later a chapel was built in which to worship the image, but such was the devotion of *Madrileños* that soon the chapel became too small to accommodate them all. Consequently, in 1912, King Alfonso XIII inaugurated the Church of San Pedro el Real, built to safeguard the image of the Virgin. Every August 15, the firemen of Madrid –of whom she is the patron saint— take her down and solemnly parade her through the streets, placing her back in the church when the procession is over.

During the week prior to the procession a series of celebrations, of a typically *Madrileño* nature, are held in the district. Thus, many men disguise themselves as *chulapos* and many women dress up as *majas* to compete in the typical attire contests –which are organised for children also— or just to stroll to the sound of the barrel organ among the stalls set up between the Gran Vía de San Francisco and the Carrera de San Francisco. Traditional Madrid dances, in which the *chotis* and the *pasodoble* predominate, are organised on the streets, alongside more conventional dances or mobile discos. Costumbrist plays are performed by local amateur theatre groups, and *piropo** and potato omelette contests are organised –which everyone takes very seriously—alongside concerts of music typical of Madrid, brass band parades, theatre performances in the street and fraternity suppers. Although Madrid already has its official patron saint, San Isidro, who is also assigned his week of festivities, the *Virgen de la Paloma* (Our Lady of the Dove) is undoubtedly the figure most cherished by the people of the city. The *Verbena de la Paloma*, after enjoying great prestige in the eighteen-hundreds, fell into gradual decline during the twentieth century until in the 1980s, as part of the policy of recovering popular Madrid traditions, it came once again to enjoy a degree of popularity that has remained thoroughly intact to the present day.

* *Piropo*: a flirtatious or flattering remark.

Illustrations

p. 147
Above left, pilgrims file past Our Lady of La Paloma; above right, *chulapo* and *chulapas* during the feast of La Paloma; below, performance of a typically *madrileño* zarzuela.

p. 148-149
Residents festoon their balconies with Manila mantillas for the feast of La Paloma.

The Feast of San Isidro

Every May, the *Fiestas de San Isidro Labrador* (Feast of St Isidore, the Day Labourer) is held in Madrid. Traditionally the celebration consisted —and continues to consist— of a *fête champêtre* in the meadow of San Isidro, beside the hermitage of the same name —a festive gathering immortalised by Francisco de Goya in his famous canvas *La pradera de San Isidro*—, with a profusion of typically *Madrileño* culinary specialities, such as *fritura de gallinejas y entresijos* (fried lamb tripe), squid sandwiches, pickles, *rosquillas tontas* and *rosquillas listas* (types of pastry rings), pasties, potato omelette, *churros* (strips of fried dough), an enormous *cocido madrileño* (typical Madrid stew) and wine, lots of wine, above all wine. Even so, *Madrileños* worthy of the name also drink at the hermitage spring, for the saint was not only a day labourer but also a dowser.

The *chulapos* and *majas* dance the *chotis* to the sound of hurdy-gurdies while the children play in the funfair built there for the occasion.

The more ironic *Madrileños* will tell you that the Feast of San Isidro begins to coincide with the day on which Manuel Vicent published his anti-bullfighting article in the daily *El País*. Indeed, the Feast bullfight is not only one of the major events of the celebration itself but also of the taurine world as a whole, alongside those of the *Feria de Sevilla* and of the *Pedro Romero de Ronda*. It is every *matador*'s dream to be carried on the shoulders of the crowd out of the main gate into the Las Ventas ring, for this marks his establishment as a bullfighter.

Festivities last almost one week and take place throughout the city. Each district and neighbourhood has its own *verbena*, although the City Council organises numerous events for all *Madrileños*. There is ballroom dancing in the *Jardines de Sabatini* to the soundtracks of great American musicals, food-tasting sessions and typical dances performed by regional associations with premises in Madrid, sporting events such as regattas on the Manzanares, street parades with giants and *cabezudos*, rock concerts on the Universidad Complutense sports campus, numerous activities for children, circus performances on the streets of Lavapiés and firework displays on the Manzanares. Religious ceremonies also form part of the Feast, naturally enough, such as the solemn mass held at the Collegiate Church of San Isidro, presided over by the Archbishop of Madrid and sung by the *Coral Polifónica de la Colegiata*, and a procession with images of San Isidro and his wife, Santa María de la Cabeza.

In this era of globalisation, it seems that the 'breakwater of all Spains' has decided, without renouncing one iota of its cosmopolitan vocation, to jubilantly and intensely celebrate its traditional feasts.

Illustrations

p. 151
Left, a *chulapo* couple about to dance the *chotis*; above right, a girl sticks a carnation into her friend's hair; below right, a *churro* stall on the Pradera de San Isidro.

p. 152-153
Eating and laughing, *chulapos* and *chulapas*, the inevitable recipe for the popular feast of San Isidro.

GASTRONOMY

Traditional Cuisine

Madrid, a city in which the world of business and politics has fostered the emergence of great luxury restaurants and of creative cuisine, has nonetheless never turned its back on its traditional establishments and specialities. Someone once defined traditional cuisine as that which optimises available ingredients and has discovered the perfect way to cook them thanks to the experience accumulated over generations.

Each region of Spain has its *cocido* (stew). In Catalonia it is *escudella*, in Galicia it is *pote*, in Leon it is *cocido leonés* or *cocido maragato*. In Madrid, *cocido* has no surname, it is simply '*cocido*', a happy combination of fatty meats, chickpeas and vegetables which together constitute a cheap, nutritious, tasty dish, a complete meal in itself. There are many restaurants in Madrid where it may be sampled, ranging from the *mesones* (old style bar-restaurants) all around Plaza Mayor to famous establishments like *La Daniela*, *Casa Lucio* and the majestic *Lhardy*, with its splendid nineteenth-century décor.

Another characteristic of traditional cuisine is the way it exploits the least dainty parts of the animal, offal. *Callos a la madrileña* (Madrid-style tripe) is famous throughout Spain, to the point where it has ousted the local version of the dish from many regional restaurants. Veal tripe and pig's ears or trotters provide the smooth, rich texture; *chorizo*, blood sausage and diced cured ham the strong flavour; while the chickpeas become impregnated with all the different tastes. Relegated at first to the humbler establishments, soon prestigious restaurants like *Lhardy* came to serve *cocido* in its refined dining rooms.

Another offal dish, and this one may be found only in Madrid, is *gallinejas*, a fried mixture of sheep's intestines, sweetbreads (the 'button') and mesentery, served with other kinds of offal such as pig scratchings, *canutos* and gizzards. All these ingredients have their own cooking times, which means they must be put into the pan in strict order to be properly fried.

It would be impossible to bring the subject of traditional Madrid cookery to a close without mentioning the custom of eating *tapas*, common throughout Spain though especially popular in the capital, above all in *Madrid de los Austrias* and on Calle Cava Baja. Another speciality that astonishes newcomers to the city is the typical sandwich of squid rings fried in batter and served above all in the bars around Plaza Mayor. And at the end of a night on the town, *Madrileños* breakfast on magnificent *churros* and hot chocolate, which set their stomachs right after nocturnal excesses.

Illustrations

p. 157
The culinary traditions of the whole of Spain converge in the capital; left, from top to bottom: compote of winter fruits, chicken in tomato and pepper sauce (*chilindrón*), hake jaw flesh in the Basque style; right, the tasty ingredients of heart-warming *cocido madrileño*.

p. 158
Free-range chicken roasted in the Basque style.

p. 159
Braised vegetables in the style of Navarre.

Creative Cuisine

The *nouvelle cuisine* has a decalogue formulated by the brilliant Troigros brothers which, like all decalogues, may be summarised in the form of a few axioms: use fresh quality products, enhance the flavour of the ingredients instead of disguising them with excessively rich sauces and take the risk of combining flavours and textures to create new gastronomic experiences.

Madrid has traditionally been a crucible that has served as a catalyst for all forms of regional cuisine. The first *nouvelle cuisine*, or signature, or creative restaurants appeared in the Basque Country and Catalonia, but very soon pupils of the great masters began to open their establishments in the capital.

At the *El Chaflán* restaurant, located in the Chamartín district, the young chef Juan Pablo Felipe, winner of the *Premio Nacional de Gastronomía 2001*, has become a classic of creative cuisine. Having put his training in Cadiz to good use, he has managed to match up the luminosity of Andalusian cookery with the sumptuousness of Basque gastronomy, personalising his dishes with advice from Ferran Adrià, his friend and mentor. Thus his specialities, like wild red tuna *al pil pil*, braised lentils with Idiazábal froth and his assortment of rice dishes and risottos have earned him one Michelin star and two Campsa suns.

Sergi Arola, a former pupil of Ferran Adrià and Pierre Gagnaire, among many other masters of the stove, decided to give his gastronomic imagination free reign at the *Sergi Arola Gastro* restaurant where, in collaboration with his wife Sara Fort, he applies his principle of preparing 'momentarily insuperable dishes', which are soon replaced by others, of equal excellence, depending on what produce is available at the market. His tasting menus are a genuine gastronomic concerto, a joyful surprise for the senses that have earned him, among many other awards, two Michelin stars.

The *Citra* restaurant is run by the extraordinarily young chef Elías Murciano. Having trained at the Culinary Art Institute of Florida, Murciano has worked under the orders of Martín Berasategui, whom he regards as his mentor a point of reference. His imaginative creations, with their bold intelligent combinations of flavours and textures, have become famous in Madrid gourmet circles, dishes like his scallops *en capuchino* with glazed *boletus* mushrooms and endives, his astonishing roast pigeon with Idiazábal gnocchis in arugula sauce and his chocolate soufflé with caramel ice-cream. The best option: his extensive tasting menu.

Illustrations

p. 161
Top, left to right: a creative interpretation of hake in the Galician style; *confit* of duck with pears and pomegranates, by Sergi Arola and Diego Ferrer; lukewarm vegetable salad with foie-gras, by André Madrigal. Centre, left to right: asparagus with sweetbreads in *truca* vinaigrette, by Javier and Iñaki Oyarbide; hake in traditional green sauce innovatively reinterpreted; *charlotte* of raff tomato with king prawn and young carrot vinaigrette, by Salvador Gallego JR; bottom, left to right: peaches cooked in red wine, woodcock on spiced bread, by André Madrigal and an absolute classic: pickled mussels.

p. 162-163
Eating *tapas* is a deeply-rooted custom in the capital.

LANDSCAPES

The Cumbre, Circo and Lagunas de Peñalara Natural Park

The Peñalara protected area comprises the territory located between the points at 1,640 and 2,428 m above sea level in the Sierra de Guadarrama, in the municipal district of Rascafría. It is a high-mountain ecosystem of rich biological diversity in a landscape setting of great beauty. The relief of the area is determined by the activity of the glaciers that existed there in the Quaternary Era and which, on withdrawing, left the zone clear. Thus in the hollows, which correspond to the areas formerly covered by the tongue of ice, peat marshes formed, while the torrents broke through the morainic barriers to create genuine water courses. In the old glacial cirques, the accumulated rocks were progressively broken by frost wedging, thereby giving rise to slopes. It was in the biggest of these cirques that the Laguna Grande (Great Lake) formed, when it was filled by rainwater and rivulets.

By virtue of the pronounced gradient of the slopes, the levels of vegetation are extraordinarily varied. Thus, the regions up to a height of 1,500 m are characterised by common pine and ash forests and patches of heather; between 1,500 and 2,000 m, the vegetation thins out: juniper and broom scrubland predominates with the occasional Scots pine wood; lastly, above 2,000 m only high-mountain pastures thrive together with the odd patch of scrubland.

Until 1998 the Valcotos ski resort was in operation; that year, the authorities decided to dismantle the corresponding facilities, removed the concrete ski-lift pillars that altered the mountain relief, which they subsequently restored and planted with indigenous vegetation.

Today, the only sporting activities allowed there are mountain climbing and trekking. In winter it is particularly spectacular to observe climbers ascending the ice tubes between the lake and the Peñalara peak. For trekkers there are numerous signposted paths which allow people to practise the sport without running the risk of getting lost. One of the most popular is the path that rises from the Cotos pass to the summit of Peñalara via the former ski run and the Dos Hermanas peaks, after which it descends past the lakes of Los Pájaros and Peñalara.

Illustrations

p. 167
Above, conifer forests, a high-mountain landscape, in Puerto de Cotos; below, the Los Pájaros Lake, also in the *Parque Nacional de Peñalara*.

p. 168-169
The Valdemartín hill and the Bola del Mundo peak, seen from the Peñalara massif.

The Manzanares and Jarama Rivers Regional Park

Despite the intense urban pressure exerted by the proximity of the capital, the Community of Madrid still preserves extensive natural areas for the solace of stressed urbanites. The *Parque Regional de los Ríos Manzanares y Jarama*, also known by the people of Madrid as the *Parque del Sureste* (South-East Park), comprises an area of 31,552 hectares in the valleys of rivers Jarama and its tributary, the Manzanares. It occupies parts of the municipal districts of Ciempozuelos, Titulcia, Velilla de San Antonio, Coslada, Torrejón de Ardoz, Arganda del Rey, San Fernando de Henares, Rivas Vaciamadrid, Pinto, Valdemoro, Mejorada del Campo, Getafe, Chinchón, Aranjuez and San Martín de la Vega.

The Park is characterised by a humid riverside ecosystem, with typical copses and numerous wetlands and lakes, many of them the consequence of aggregates. Besides this riverside area, the Park also contains luxuriant corn fields and deposits of gypsum, the extraction of which is a major source of income for the region. Three different ecosystems may be distinguished in the Park. On the one hand, the riverside areas, lakes and wetlands are dominated by copses and patches of reeds and rushes, where a great number of water birds nest, both residents and migrants: mallards, storks and black-winged stilts, ibis, Eurasian coots, black cormorants and kingfishers, which feed on carp, perch, barbell and trout. Since the area was declared a nature reserve, the authorities have undertaken a restoration campaign of this ecosystem, the most fragile of all, by planting black poplars (Populus alba) and willows (Salix alba). Partridges, quails and bustards nest in the cornfields, while the hills and valley sides are covered by Mediterranean-type forests with evergreen oaks and pines, or else by Kermes oak woods inhabited by hedgehogs, rabbits, wild boars, badgers, foxes and wild cats. Lastly, birds of prey such as kestrels, peregrine falcons, black kites and eagle owls nest on the cliffs.

Right at the confluence of the Jarama and the Manzanares, encased by both, stand the La Marañosa hills. Although they are not very high, their outline is highly peculiar since they are isolated from each other and cut by the effects of erosion. They are covered by Aleppo pines and provide rich hunting grounds. Part of the area was severely affected by fire in 2003 and is now in the process of reforestation.

Illustrations

p. 171
Above left, Spanish ibex on the La Pedriza massif; above right, the Sierra de Guadarrama; below left, the Santillana reservoir seen from the La Pedriza massif; below right, the formerly migrating storks have now become permanent residents in the park.

p. 172-173
Winter landscape on the La Maliciosa peak.

The Montejo de la Sierra Beech Forest

This Natural Site of National Interest is located north of the Community of Madrid, in the Sierra del Rincón Biosphere Reserve on the banks of the Jarama. The *Hayedo* (Beech Forest) was first documented in 1460, when the village of Montejo was acquired by the Lord of Sepúlveda. The Lords of Buitrago aspired at one time to gaining possession of the forest, but eventually a command issued in the sixteenth century by Charles V allocated the property to the people of Montejo.

Beech forests are common in Europe and in the north of Spain, but they are rare in the south of the Peninsula since they need a high degree of humidity. The origin of the *Hayedo* must be sought in the post-glacial era, when this kind of ecosystem disappeared from southern Europe, leaving a number of relict forests in those areas where conditions allowed them to survive. In the case of the *Hayedo de Montejo*, these conditions are, on the one hand, the depth, the constant humidity and the richness of the soil; on the other, the fact that it is located on a shady slope where no excessive evaporation occurs. A last factor that has fostered its development and, above all, its conservation, is its traditional use as communal pasture land.

The leading protagonist is *Fagus sylvatica*, the common beech, although it does not always appear alone, since it is often mixed with other tree species such as oaks, hollies and Pyrenean oaks. The undergrowth provides a habitat for large mammals like the roebuck, the fox and the wild boar, and other smaller ones, such as the badger, the rabbit, the polecat, the field mouse and the weasel. Thanks to the humidity, a wide variety of mushrooms proliferate in the humus, attracting hordes of collectors when in season.

Access to the beech forest is restricted in order to protect the area from the presence of humans. Those wishing to enter must therefore request permission from the *Centro de Recursos e Información de la Reserva de la Biosfera Sierra del Rincón*. Three itineraries are marked out for visitors: the first is flat and follows the course of the Jarama; the second follows the river for a stretch before it climbs up a hillside; lastly, what is known as the *Senda del Mirador* takes in all the *Hayedo*'s layers of vegetation. The excursion lasts some ninety minutes and is highly taxing.

The best time to visit the *Hayedo de Montejo* is in autumn, when the deciduous trees acquire their exquisite tones of red before the leaves fall.

Illustrations

p. 175
Above left, an owl, the nocturnal predator in the woods of *El Hayedo*; centre left, the local aquifers foster the proliferation of amphibians, such as the newt in the picture; below left and above right, two faces of *El Hayedo*: spring and autumn; below right, a squirrel, one of the rodent species in *El Hayedo*.

p. 176-177
Thanks to the humidity of the Sierra del Rincón, *El Hayedo* flourishes atypically in this southern European territory.

ESCAPES

Buitrago del Lozoya

Embedded in the southern spurs of the Sierra de Guadarrama, in the mid valley of El Lozoya, as from the time of the Reconquest Buitrago occupied a strategic position which has left indelible traces on its current configuration. It is one of the best preserved fortified complexes in the Community of Madrid. By the fifteenth century, its urban structure had become practically consolidated: at its upper end, the walled precinct whose full occupation gave rise to the emergence of two outlying districts: San Juan to the north and Andarrío, on the opposite bank of the River Lozoya, linked to the other side by the *Puente Viejo* or *Puente del Arrabal*. Built out of stone and reinforced with rubblework, it has one semicircular arch. At present, the bridge is a point of passage for the *Cañada Real* of Segovia.

The fortified complex has preserved three entrances, a stretch of wall known as the *adarve bajo* (lower rampart), which runs parallel to the river and never exceeds 6 metres in height, and the south and south-east stretches that preserve numerous defence elements such as the towers, the barbican, the moat, the albarran tower, the castle and the *coracha*, a sector of the wall that enters the river. The albarran tower, or clock tower, which is pentagonal in ground plan, protected the main entrance. Construction of Buitrago Castle began in the fifteenth century on the remains of a previous fortification. Gothic-Mudéjar in style, the different dependencies are arranged around a parade ground. It has seven towers of different proportions and is protected by a moat.

One of the features of the town of Buitrago is the *Museo Picasso-Colección Arias*, a small museum that forms part of the history of art and of a friendship. The 26-year-long relationship between Pablo Picasso and Eugenio Arias was forged in the barber shop run by the latter in Vallauris, when both men were living in exile in France. Eugenio Arias, a native of Buitrago del Lozoya, returned to Spain in 1977, after 40 years of exile, and decided to establish his collection in his home town. On March 5 1985 the *Museo Picasso* was opened in a solemn ceremony attended by Arias himself. The Museum houses pieces fundamental to an understanding of the career and life of the painter from Málaga. Ceramic works are exhibited that the artist had executed at the Madoura pottery in Vallauris, alongside drawings very wide-ranging in theme, where portraits and bullfights predominate. The collection is completed with a substantial number of lithographs, limographs and engravings on celluloid.

Illustrations

p. 181
Atrium and main entrance to the Church of Santa María del Castillo.

p. 182-183
The south-west stretch of the walls of Buitrago del Lozoya.

Chinchón

Among cultivated fields, luxuriant riverside vegetation and nature reserves in the *comarca** of Las Vegas lies the town of Chinchón. Its history was almost from the outset linked to the monarchy. In 1480 the Catholic Monarchs granted the Marquis and Marchioness of Moya jurisdiction over 32 towns and villages, including the *señorío* (feudal estate) of Chinchón. From this period dates the original castle, which was modified and rebuilt over the centuries until it was partially destroyed and subsequently abandoned after the Peninsular War. By 1520, during the reign of the Emperor Charles V, the original urban nucleus had moved to the top of the hill, Plaza Mayor was emerging as the seat of political power, and construction began of the Church of La Asunción, the Monastery of San Agustín and the Convent of Las Clarisas.

The Plaza Mayor of Chinchón was originally an esplanade on which livestock was kept and marketed. The first buildings were constructed in the fifteenth century, and by the seventeenth its entire perimeter was occupied by dwellings, shops and ateliers. The result is a typical medieval plaza, characterised by relatively uniform vernacular architecture: three-storey buildings with balconies and porticoed galleries. The Plaza has witnessed religious, political and military celebrations and has served as a bullring, as an open-air theatre and even as a film set.

Construction of the Church of Nuestra Señora de la Asunción began in 1534 with the chapel of the count's palace. Work proceeded for many, many years, as we see from the superimposition of several styles: Gothic, plateresque, renaissance and baroque. The high altar reredos features the canvas *Nuestra Señora de la Asunción* (Our Lady of the Assumption), painted by Goya by request from his brother Camilo, who was the parish priest, after the church had been severely damaged during the Peninsular War.

The Monastery of San Agustín, now a *parador nacional de turismo* (state-run hotel for tourists), was built in 1626 to house the community of friars founded by the Lords of Chinchón in the fifteenth century. The monastery rose to the peak of its splendour when it came to accommodate the chairs of Theology, Humanities and Latin. The current brick-and-masonry building was restored by architect Juan Palazuelo in 1982, who recovered its original baroque-style structure with renaissance influences.

* *Comarca*: a small geographical and administrative district comprising a number of municipalities.

Illustrations

p. 185
Above, view of the Plaza Mayor in Chinchón from one of the porticoes; below left, vineyards and wheatfields on the plains around the town; below right, skylight in the Hermitage of El Cristo del Humilladero.

186-187
Wooden balconies, such as those in Chinchón's Plaza Mayor, in the picture, constitute a typical element of Castilian vernacular architecture.

Alcalá de Henares

At the end of the fifteenth century Cardinal Cisneros decided to found a university in Alcalá de Henares that would convert the city into a first-rate cultural centre. On April 13 1499 institution was authorised of the *Colegio Mayor de San Ildefonso*, the initial seat and embryo of the future university. The humanistic spirit of its founder lured thousands of students, professors and religious orders, and colleges were created for the study of a variety of disciplines, such as Theology, Physics, Grammar and Logic. Illustrious products of the institution include personalities of the stature of Antonio de Nebrija, Pedro Calderón de la Barca, Francisco de Quevedo, Félix Lope de Vega, Mateo Alemán, Fray Luis de León, San Juan de la Cruz, Santo Tomás de Villanueva, San Ignacio de Loyola, San José de Calasanz and Melchor Gaspar de Jovellanos. Parallel to this, the city underwent a process of urbanistic and architectural renovation that led to the creation of a new, more rational layout in the form of a gridiron. During the sixteenth and seventeenth centuries, Alcalá experienced its Golden Age. By request of Cardinal Cisneros the *Catedral Magistral* was built, a late Gothic building with three cross-vaulted naves surmounted by a Herrerian-style steeple dating from the seventeenth century. The Chapel of San Ildefonso, constructed like the *colegio mayor** of the same name in 1499, combines Mudéjar coffered ceilings with plateresque plasterwork and the exquisite renaissance style of the funeral monument dedicated to Cardinal Cisneros. The different religious orders built their convents, such as the Sisters of St Clare, the Ursulines, the Dominican Sisters of St Catherine, the Carmelites of The Image and the Sisters of St Bernard (*Bernardas*), whose establishment houses a free-standing altarpiece and a collection of paintings by Angelo Nardi. The Convent of Las Bernardas and the plaza of the same name constitute a harmonious ensemble featuring also the former Convent of Our Lady, now the Archaeological Museum, the Archbishop's Palace and the monastery façade.

1547 saw the birth in Alcalá de Henares of the immortal writer Miguel de Cervantes Saavedra. The house in which he was born, now a museum, offers visitors a panorama of the city in the sixteenth century as well as preserving valuable editions of his works. In the seventeenth century the town was endowed with a *corral de comedias*, an open-air theatre with a wooden stage on which popular works were performed. In 1769 the *corral* was converted into a roofed coliseum and in 1831 into an Italianate-style theatre. Now, after years of neglect, it is once again operational with a permanent programme.

* *Colegio mayor*: historically, a university students' hall of residence where classes were also imparted and cultural events took place.

Illustrations

P. 189
Above left, XVII-century *corral de comedias* (theatre); below left, *Centro de Estudios Cisnerianos*, housed in the Laredo palace (XIX century); above right, panoramic view of Plaza Cervantes; centre right, columns and ribs in the Gothic cathedral (XVI and XVII centuries); below right, the Archbishop's Palace (XIII century).

p. 190
Patio of Santo Tomás de Villanueva, in the *Colegio Mayor de San Ildefonso* (XV-XVI centuries).

p. 191
Main façade of the university, built in the XVI century.

Rascafría and El Paular

Located in the upper valley of the Lozoya and delimited by the Montes Carpetanos and the Sierra de Cuerda Larga, Rascafría lies amidst cultivated fields, meadows and riverside copses. The town's vernacular architecture, typical of the Guadarrama Mountains, is in a very good state of preservation, examples being *La Casona*, with its fourteenth-century porticoed façade, and the *Casa Vaca*. Its parish church, dedicated to St Andrew the Apostle, is an elegant structure begun in the fifteenth century and remodelled during the seventeenth and eighteenth centuries. The result is a successful combination of the late Gothic, renaissance and baroque styles in its decorative elements.

Construction work on the Carthusian Monastery of El Paular began in 1390 during the reign of Juan I of Castile, in accordance with the directions issued by his father, Henry II. Beside a hermitage known as Santa María de El Paular, a succession of architects, sculptors and craftsmen were engaged for centuries in building a monastery, a church and a palace. While the Catholic Monarchs were in power, the original complex was substantially remodelled. One of the most important operations in this context was the one carried out by architect and sculptor Juan Guas, who was responsible for the church atrium and main entrance as well as for the monastery cloister. The church, consisting of a single nave, preserves a fine late-fifteenth-century polychrome alabaster altarpiece composed of 17 scenes from the life of the Virgin Mary and Jesus, executed in fine detail. Outstanding elements of the monastery include the cloister, with an elegant octagonal shrine and a fine rectangular chapter room covered by three ogival vaults. After the Carthusian friars had been expelled, the monastery was abandoned until 1954, when it was transferred to the Benedictines, who have occupied it since then.

The monastery's Gothic cloister houses the collection of 52 works by Vicente Carducho, executed by this painter of Italian origin between 1626 and 1632. The Carthusian series was commissioned by Philip III to decorate the monastery. After Mendizábal's disentailment law had been enacted, the pictures were distributed among several museums until they were eventually brought back together again at El Paular. The collection consists of a first set of canvases dedicated to St Bruno of Cologne, founder of the Order, and a second set depicting memorable deeds by Carthusians, outstanding among which are *The Conversion of St Bruno*, *The Virgin Appears to a Carthusian Brother* and *The Death of St Bruno*.

Illustrations

p. 193
Above, grating in the main chapel of the Monastery of Santa María del Paular; below left, the so-called *Bosque de Finlandia* (Forest of Finland), a landscape harmoniously modified by the hand of man; below right, one of the Gothic bays in the Santa María del Paular monastery cloister.

p. 194-195
Panoramic view of the Monastery of Santa María del Paular.

Créditos fotográficos

Age Fotostock: 157 derecha (y contraportada)
María Galán: 148-149 (y contraportada)

Luis Agromayor: 94 (y portada), 95

Album:
Culture-images: 36
Erich Lessing: 35, 39, 47, 49
Oronoz: 37, 40, 41, 48

Matías Briansó: 75 abajo derecha, 161 arriba izquierda

CINE S.L – Antonio Menéndez Castell/Antonio Vaquero: 151 abajo, 152 abajo

Contacto:
Juanjo Albarrán: 147 arriba
José Barea/Hoa-Qui/Gamma: 162-163
Matías Costa: 57 arriba, 93 abajo izquierda, 98 arriba izquierda
Belén Díaz: 133 abajo
Marc Dozier/hemis.fr/ImageForum: 141
Patrick Escudero/hemis.fr/ImageForum: 99 abajo izquierda
P. Forget-Sagaphoto/OnlyFrance.fr: 97 abajo izquierda
Hervé Huges/hemis.fr/ImageForum: 97 abajo derecha
Christian Irrgang/Agentur Focus: 102 abajo
Michael Kolchesky: 101
René Mattes/hemis.fr/ImageForum: 57 abajo izquierda, 89 derecha (y contraportada)
Rosine Mazin/Photononstop: 93 abajo derecha
Christian Michel/View/Photononstop: 133 arriba
Chris Seba/Mauritius/Photononstop: 98 abajo
Jordi Socías: 89 abajo izquierda, 99 arriba

EFE/Manuel H. de León: 147 abajo

Fototeca 9 x 12:
Joan Costa: 102 arriba
Santiago Fernández: 99 abajo derecha

Sacha Hormaechea: 157 izquierda, 158, 159, 161 arriba centro e izquierda, 161 centro, 161 abajo,

Pablo Linés: 43, 44, 45

Marc Llimargas i Casas: 75 arriba

Pierre-Philippe Marcou/AFP/Getty Images: 103 (y portada)

Oscar Masats: 21 (portada y contraportada), 53, 107 arriba, 112-113, 119, 123 (y contraportada), 151 izquierda y arriba derecha, 152 arriba, 153 (y contraportada), 189, 190, 191

Ramon Masats: 111

Domi Mora: 185 arriba, 193 arriba y abajo derecha, 194-195

Museo Nacional del Prado, Madrid: 27, 28, 29 (y portada)

Museo Thyssen-Bornemisza, Madrid: 31, 32, 33

Francisco Ontañón: 67 arriba derecha y abajo izquierda (y portada), 71 arriba izquierda y arriba derecha

Humberto Rivas: 67 abajo derecha, 71 centro y abajo derecha, 75 abajo izquierda, 79, 80-81

Eduardo San Bernardo/Archivo ABC: (contraportada)

Javier Sánchez Martínez: 17 (y portada), 18-19 (y contraportada), 22-23, 54-55, 57 abajo derecha, 58-59 (y contraportada), 61, 62-63, 67 arriba izquierda (y portada), 68-69, 71 abajo izquierda, 72-73, 76-77, 85 (y portada), 86-87 (y portada), 89 arriba izquierda, 90-91, 93 arriba, 97 arriba, 98 arriba derecha, 107 abajo, 108-109 (y portada), 115, 116-117, 120-121 (y portada), 124-125 (y contraportada), 129 (y contraportada), 130-131, 134-135, 137, 138, 139, 142-143, 167 (y contraportada), 168-169, 171, 172-173, 181, 182-183, 185 abajo, 186-187, 193 abajo izquierda,

Jorge Sierra: 175, 176-177 (y contraportada)